어떻게 살인자를 변호할 수 있을까?
a True story

VERBRECHEN
by Ferdinand von Schirach

Copyright © 2009 by Piper Verlag GmbH, Munich
Korean Translation Copyright © 2010 by Woongjin Think Big., Ltd.
All rights reserved.

The Korean language edition is published by arrangement with
Piper Verlag GmbH through MOMO Agency, Seoul.

이 책의 한국어판 저작권은 모모 에이전시를 통해 Piper Verlag GmbH사와의 독점계약으로 (주)웅진 씽크빅에 있습니다.
저작권법에 의하여 한국 내에서 보호를 받는 저작물이므로 무단전재와 무단복제를 금합니다.

어떻게 살인자를 변호할 수 있을까?
a True story

페르디난트 폰 쉬라크 지음
김희상 옮김

갤리온

차례

페너
7

타나타의 찻잔
29

첼로
63

고슴도치
89

행운
113

서머타임
133

정당방어
181

녹색
209

가시
239

사랑
263

에티오피아 남자
277

옮긴이의 글
312

story 1
페너

─── 프리트헬름 페너는 평생 로트바일*에서 개업의로 일했다. 매년 2천8백 장의 진단서를 끊었고, 도심의 최대 번화가에 병원을 열었으며, 이집트문화동호회 회장이자 라이온스클럽의 회원으로 활동했다. 물론 전과는 없다. 경범죄 한 번 저지른 적도 없다. 지금 살고 있는 집 외에 두 채의 주택을 임대해 주고 있으며, 가죽 시트와 전자동 에어컨이 장착된 메르세데스 벤츠 E 클래스를 몰았다. 3년이 채 안 된 승용차다. 약 75만 유로**에 상당하는 주식과 채권을 소유하고 있었고, 생명보험도 들어 놓았다. 자녀는 없다. 살아 있는 유일한 혈육은 자신보다 여섯 살 어린 여동생이다. 그녀는 남편과 두 아이와 함께 슈투트가르트에서 살고 있다. 사실 페너의 인생은 이렇다 할 얘깃거리가 없는 지극히 평범한 것에 지나지 않았다.

잉그리트와의 일만 제외한다면.

페너는 스물네 살 때 잉그리트와 처음 만났다. 아버지의 예순

◆ 독일 바덴뷔르템베르크에서 가장 오래된 도시. 이른바 슈바빙이라는 지역으로, 성실함과 근면함의 대명사와 같은 곳이다. 지역 주민의 이런 특성을 염두에 두고 이야기를 좇아 보기 바란다. (이하 모두 옮긴이 주)
◆◆ 우리 돈으로 약 13억 원.

번째 생일잔치가 그 계기였다. 페너의 아버지 역시 의사였다.

로트바일은 지극히 부르주아적인 도시이다. 시민들은 낯선 사람만 봤다 하면 쪼르르 달려가 묻지 않아도 슈타우펜 왕조*가 이 도시를 세웠으며, 바덴뷔르템베르크에서 가장 오래된 도시라고 조곤조곤 일러 주었다. 실제로 이곳에서는 중세의 돌출 창과 16세기의 산뜻한 입간판을 볼 수 있다. 페너 가족은 도시의 이른바 "일등 가문", 곧 사람들의 인정과 존경을 한 몸에 받는 의사, 법관, 약사 등이 많은 가문이었다.

프리트헬름 페너는 젊은 시절의 존 F. 케네디를 닮았다. 얼굴에서 풍기는 친근한 분위기는 사람들로 하여금 그를 아무 걱정이 없는 남자로 여기게 만들었으며, 뭐든 그의 손길만 닿으면 행복해질 것 같았다. 다만 좀 더 뜯어보면 어딘가 모르게 서글픈 느낌과 함께 나이에 비해 어두운 그늘이 드리워져 있음을 알 수 있다. 하기야 슈바르츠발트와 슈바벤 알프스 사이 지역 주민에게서 어렵지 않게 만나볼 수 있는 인상이기는 했다.**

로트바일의 약사인 잉그리트 아버지는 딸을 생일잔치에 함께 데리고 왔다. 그녀는 페너보다 세 살이 많았다. 탄력 있는 가슴

◆ 호엔슈타우펜이라고도 한다. 12~13세기에 신성로마제국을 지배한 독일의 왕가이다.
◆◆ 슈바르츠발트는 독일 서남부의 삼림 지대이며, 슈바벤 알프스는 독일 남서부에 도나우 강과 맞닿은 산맥 지대이다. 토양이 척박해 근대 초까지만 하더라도 독일에서 가장 빈곤한 지역이던 이곳이 지금은 청정한 환경 덕에 첨단 산업이 앞다퉈 들어서면서 독일에서 가장 부유한 지역으로 바뀌었다.

과 에메랄드처럼 푸른 눈, 흑단처럼 검은 머리, 하얀 피부를 자랑하는 잉그리트는 자신이 남자의 눈길을 사로잡는다는 것을 익히 알고 있었다. 억양의 변화를 모르는 묘한 고음의 쇳소리만 페너에게 조금 거슬렸을 뿐이다. 약간만 낮게 이야기했더라면 그녀의 음성은 페너의 귀에 아름다운 멜로디였으리라.

실업학교를 중퇴한 잉그리트는 식당 종업원으로 일했다. "잠깐 재미 삼아 하는 것일 뿐이야." 잉그리트는 페너에게 종알댔다. 페너는 그런 것은 아무래도 좋았다. 그녀는 다른 세상 사람이었고, 그는 그게 흥미로웠다. 그것도 몹시! 페너는 그때까지 여자와 두 번의 짧은 성적 접촉을 가졌을 뿐이었다. 잉그리트를 보기만 해도 가슴이 설레였다. 그는 잉그리트에게 걷잡을 수 없이 빠져들었다.

생일 파티가 있은 지 이틀 뒤에 잉그리트는 페너를 꼬드겨 피크닉을 갔다. 잉그리트는 페너의 손을 잡아끌어 무인 기상 측정 오두막으로 들어갔다. 그녀는 남자를 어떻게 다루어야 할지 잘 알았다. 완전히 얼이 나간 페너는 일주일 뒤 청혼을 했다. 잉그리트는 일말의 망설임도 없이 받아들였다. 페너는 이른바 상류층이었으며 뮌헨에서 의학을 공부했다. 매력적이고 상냥한 청년이었으며 의사 국가고시 1차 시험을 코앞에 두고 있었다. 잉그리트는 무엇보다도 페너의 진지함에 끌렸다. 그런 마음을 정확히 무슨 말로 표현해야 좋을지 몰랐지만, 자신의 여자 친구에게 페너라면 자기를 홀로 버려두는 일이 없을 거라고 종알댔다.

신혼여행은 카이로로 갔다. 이집트는 페너의 선택이었다. 나중에 사람들이 이집트에 관해 묻자, 그는 "붕 떠 있었다"고 대답했다. 그게 정작 뭘 의미하는지는 아무도 모르리라는 것을 페너는 알고 있었다. 거기서 그는 젊은 파르치발*이었으며, 세상물정 모르는 얼간이였고, 행복했다. 인생에서 마지막으로 맛본 행복이다.

귀국하기 전날 저녁 신혼부부는 호텔방에서 아예 나오지 않았다. 창문은 활짝 열어 놓았다. 한낮의 대단했던 열기가 여전히 식을 줄 몰랐다. 더운 바람이 작은 방안에 먹물처럼 고여 있었다. 싸구려 호텔에서는 썩은 과일 냄새가 났다. 아래에서 거리의 소음이 그대로 들려왔다. 더위에도 두 사람은 섹스를 했다. 절정의 순간이 지나가고 페너는 등을 대고 누워 천장에서 돌아가는 선풍기 날개를 올려다보았다. 잉그리트는 담배를 피웠다. 모로 누운 그녀는 한 손으로 턱을 괴고 페너의 얼굴을 물끄러미 바라보았다. 남자는 미소를 지었다. 여자는 오랫동안 아무 말도 하지 않았다.

돌연 여자가 입을 열었다. 페너 이전에 겪은 남자들의 이야기

◆ 볼프람 폰 에셴바흐의 서사시 〈파르치발〉의 주인공. 〈파르치발〉은 순박한 청년에서 진정한 남자로 거듭나는 과정을 그린 작품으로 바그너의 오페라로도 유명하다.

였다. 실망과 환멸을 느꼈다고 했다. 실수였다고 인정했다. 프랑스 대위와의 관계에서는 임신도 했었다고 털어놓았다. 낙태 수술을 받았다고 했다. 죽을 뻔했다고 울먹였다. 놀란 페너는 그녀를 안아 주었다. 가슴에 안긴 잉그리트의 심장이 격하게 뛰는 것을 느꼈다. 어찌해야 좋을지 몰라 난감하기만 했다. 그녀가 나를 믿어 주는구나 하고 그는 감격했다.

"맹세해! 나만 바라보고 산다고 맹세해. 나를 절대 떠날 수 없어." 울부짖는 잉그리트의 목소리가 떨렸다.

페너는 감동받았다. 그녀를 달래 주고 싶었다. 교회에서 치른 결혼식에서 맹세는 이미 했다. 너와 행복하겠노라고, 영원히 너와 함께…….

여자는 갈수록 거칠어졌다. 목소리가 점점 커졌다. 그 쇳소리 나는 고음으로 외쳤다. "맹세해!"

페너는 번쩍 정신이 들었다. 이것은 사랑하는 사람들의 대화가 아니다. 천장에 달린 커다란 선풍기, 카이로, 피라미드, 호텔방의 열기 등 주변의 모든 게 돌연 자취를 감추었다. 그는 여자를 조금 위로 끌어당겨 눈을 맞추었다. 그리고 말했다. 천천히 또박또박. 자신이 무슨 말을 하는지 확실히 알고 하는 말이었다. "맹세할게!"

그는 여자를 다시금 끌어당겨 이마에 키스를 했다. 두 사람은 다시 한 번 관계를 가졌다. 이번에는 달랐다. 여자가 남자를 올라타고 앉았다. 자신이 원하는 대로 주도했다. 두 사람은 심각했고, 낯설었으며, 물과 기름처럼 따로 놀았다. 외로웠다. 오르가슴에 오른 여자는 남자의 얼굴을 때렸다. 남자는 홀로 오랫동안 깨어 천장만 바라보았다. 정전이라 선풍기는 꼼짝도 하지 않았다.

◆ ◆ ◆

페너는 너무도 당연한 것처럼 시험에 붙었다. 아주 우수한 성적이었다. 박사 학위논문을 제출했으며, 로트바일 시립 병원에 첫 일자리를 잡았다. 집도 마련했다. 방 세 개에 욕실 그리고 숲이 한눈에 내려다보이는 전망 좋은 집이었다.

뮌헨에서 이삿짐을 싸는데, 여자는 페너가 그동안 수집한 음반들을 버렸다. 새 집에 와서야 페너는 음반이 없어진 것을 알아차렸다. 잉그리트는 다른 여자와 함께 들었을 음반을 참을 수가 없다고 했다. 페너는 분노가 치밀었다. 부부는 이틀 동안 서로 아무 말도 하지 않았다.

페너는 바우하우스◆ 스타일의 담백한 집을 원했다. 여자는 참

◆ 1919년 건축가 발터 그로피우스가 세운 조형 학교. 예술가와 장인의 통합을 추구했고, 실용적이면서 간결한 디자인이 특징이다.

나무와 소나무 목재로 집안을 화려하게 꾸몄다. 창에는 울긋불긋한 커튼을 달았으며, 이불도 알록달록한 어지러운 색깔이 들어간 것으로 장만했다. 남자는 털실로 짠 방석과 주석 잔까지 아무 말 없이 받아들였다. 그냥 여자가 하는 대로 내버려 두었다.

몇 주 뒤 잉그리트는 갑자기 페너가 포크와 나이프를 쓰는 게 눈에 거슬린다고 했다. 처음에 남자는 아내가 참 유치하다고 생각했지만 그냥 웃어넘겼다. 그러나 다음날에도, 그리고 그 다음 날에도 똑같은 비난이 이어졌다. 왜 말을 듣지 않느냐고 표독스럽게 다그쳤다. 장난으로 하는 소리가 아니라는 것을 깨달은 페너는 나이프를 고쳐 잡았다.

잉그리트는 남편에게 쓰레기를 내려다 주지 않는다며 화를 냈고, 페너는 이 모든 게 신혼 초의 어려움일 것이라고 자신에게 타일렀다. 하지만 그것은 페너의 바람일 뿐, 왜 집에 늦게 오느냐, 어디서 무얼 하다 오느냐, 여자들하고 시시덕거리다가 오는 것은 아니냐며 아내는 끊임없이 잔소리를 해 댔다.

터무니없는 비난이 이어졌으며, 남자는 매일 여자에게 바가지를 긁혔다. 정돈이라고는 할 줄 모르네, 어째서 하루만 입어도 와이셔츠가 이렇게 지저분하냐, 신문 좀 구기지 말고 읽어라, 이상한 냄새가 난다, 늘 자기 자신밖에 모른다, 말도 안 되는 헛소리 좀 작작해라, 나를 속였다가는 끝장인 줄 알아라. 아무튼 끝

없이 잔소리가 이어지는 통에 남자는 돌아 버릴 것만 같았다. 그래도 페너는 아무런 대꾸도 하지 않았다.

첫해가 지나가자 이제는 욕설이 시작됐다. 처음에는 그나마 자제하는 것 같았으나 갈수록 격해졌다. 너 같은 돼지는 처음 본다고 했다. 아내의 속을 끓이는 남자는 개라고도 했다. 겁쟁이에 새가슴이라는 말도 꿀꺽 삼켰다. 이어 똥과 오줌이라는 단어도 거침없이 등장했다. 변명이라도 할라치면 여자는 악부터 써 댔다. 페너는 포기했다. 밤에는 잠자리에서 일어나 공상과학소설을 읽었다. 학창시절처럼 매일 한 시간씩 조깅을 했다. 섹스는 벌써 오래전에 부부 침대에서 사라졌다. 의사는 몇몇 여인들의 유혹을 받았다. 그러나 바람은 절대 피우지 않았다. 서른다섯에 아버지 병원을 물려받았으며, 마흔 살에 이미 머리가 온통 하얗게 셌다. 페너는 피곤했다.

◆ ◆ ◆

마흔여덟이 되자 아버지가 돌아가셨고, 쉰 살에는 어머니를 잃었다. 물려받은 유산으로 페너는 교외에 통나무집을 한 채 샀다. 집에는 정원이 딸려 있었다. 이미 오랜 동안 돌보지 않고 버려진 연못과 40그루의 사과나무, 열두 그루의 밤나무는 작은 공원이라

고 불러도 손색이 없을 정도였다. 정원은 페너에게 구원이나 다름없었다. 그는 정원 관리에 필요한 책들을 사들였으며, 전문 잡지의 정기구독 신청도 했다. 수로 관리와 나무들에 관한 것이라면 무엇이든 닥치는 대로 읽었다. 최고급 장비를 장만했으며, 관개시설의 관리 기술을 익혔다. 무엇이든 한번 시작한 일은 꼼꼼하고 철저하게 배우는 페너였다. 정원에는 꽃들이 만개했으며, 연못의 풍광은 인근에 소문이 날 정도였다. 페너는 정원을 찾아와 사과나무 사이에서 사진을 찍는 사람들을 보며 흐뭇해 했다.

주중에는 될 수 있는 한 병원에 오래 머물렀다. 자상하고 솜씨 좋은 의사로 명성이 자자했다. 환자들은 페너를 존경했으며, 그의 진단과 처방은 늘 로트바일의 새로운 표준이 되었다. 잉그리트가 잠에서 깨기 전에 집을 나섰으며, 저녁 9시가 되어서야 집으로 돌아왔다. 저녁 식사를 하는 동안 쏟아지는 잔소리와 욕설을 의사는 묵묵히 삼켰다. 잉그리트의 쇳소리 나는 목청은 갈수록 날카로운 적의를 번뜩였다. 그녀는 그동안 몸집이 엄청나게 불었다. 하얗던 피부는 세월과 함께 불그죽죽하게 변해 버렸다. 목은 굵어져 살집이 접힐 정도였다. 내뱉는 욕설에 박자를 맞춰 살집이 출렁였다. 고혈압과 호흡 곤란을 앓았다. 깡 말라 버린 페너와는 대조를 이루었다. 어느 날 저녁 헐떡이며 무수한 욕설을 쏟아내는 아내를 보고 페너는 신경과 의사를 찾아가 보는 게 좋겠다고 권했다. 프라이팬이 날아왔다. 여자는 고마워할 줄도 모르는 돼지 새끼라며 악다구니를 부렸다.

◆ ◆ ◆

예순 번째 생일 하루 전날 페너는 잠을 이루지 못했다. 빛바랜 이집트 사진을 꺼내 들었다. 잉그리트와 그가 케오프스 피라미드◆ 앞에서 웃고 있다. 뒤에는 낙타와 유목민 차림을 한 관광객들과 사막이 보였다. 아내가 쓰레기통에 처박은 결혼 앨범에서 빼내어 옷장 깊숙이 감추어 두었던 사진이다.

이날 밤 페너는 자신의 인생이 끝나는 그날까지 이 집에 갇힌 죄수일 수밖에 없음을 깨달았다. 카이로에서 그녀 곁을 떠나지 않겠다고 한 맹세도 떠올렸다. 참으로 끔찍했던 결혼생활이었지만 페너는 약속을 지켰다. 좋을 때만 지키는 것은 약속이 아니므로. 눈앞의 사진이 뿌옇게 얼룩져 보였다. 옷을 벗은 페너는 알몸으로 거울 앞에 섰다. 오랫동안 자신의 앙상한 몰골을 지켜보았다. 그런 다음 욕실로 가서 욕조 가장자리에 걸터앉았다. 눈물이 하염없이 흘렀다. 성인이 되고 나서 처음으로 흘리는 눈물이었다.

◆ 쿠푸 피라미드라고도 부른다. 기자의 3대 피라미드 가운데 하나로 가장 규모가 크다. 케오프스는 쿠푸의 그리스어 이름이다.

◆ ◆ ◆

페너는 정원을 돌보았다. 그의 나이는 이제 일흔두 살이었다. 4년 전 병원을 팔았다. 그는 언제나 그래왔듯 아침 6시에 자리에서 일어났다. 문을 조용히 여닫고 응접실을 나갔다. 벌써 오래전부터 페너는 응접실에서만 생활해 왔다. 잉그리트는 아직 자고 있었다. 햇살이 눈부신 가을 아침이었다. 새벽안개가 천천히 걷히고 있었고, 공기는 맑고 차가웠다. 페너는 호미를 가지고 가을 양배추 밭의 잡초를 뽑았다. 고되고 단조로운 일이었다. 말끔한 밭을 보며 페너는 흡족했다. 언제나 9시 반이면 마시는 아침 커피가 참 좋았다. 페너는 참제비고깔을 떠올렸다. 봄에 심었던 게 늦가을이면 세 번째 꽃을 피우리라.

그때 잉그리트가 테라스 문을 벌컥 열었다. 소리를 질렀다. 응접실 창문을 닫는 것을 또 잊었느냐고 아우성을 쳤다. 언제나 그랬듯 페너는 얼간이였다. 그녀의 목소리는 쇠가 갈리는 소음 그대로였다.

페너는 그 순간 정확히 무슨 생각을 했는지 나중에 전혀 설명하지 못했다. 그저 가슴 깊은 곳 저 어디에선가 돌연 강하고 날카로운 빛이 비치기 시작했다고 한다. 이 빛 속에서는 모든 게 너무나 명확했다. 눈이 부실 지경이었다.

페너는 잉그리트에게 지하실로 내려오라고 했다. 자신은 바깥 계단을 이용했다. 잉그리트는 숨을 헐떡이며 지하실로 들어왔다. 정원을 돌보는 도구들을 모아 둔 곳이다. 기능과 크기에 따라 연장들이 벽에 가지런히 걸려 있었다. 깨끗이 손질해 양철통이나 플라스틱 들통에 들어 있는 것도 많았다. 모두 정성껏 돌본 도구들이다. 잉그리트가 여기 내려오는 일은 거의 없었다. 잉그리트가 문을 열고 들어서자 페너는 아무 말 없이 벽에서 도끼를 내렸다. 스웨덴에서 만든 수제 도끼였다. 기름을 발라 반질반질했고, 녹 하나 없었다. 잉그리트는 눈만 커다랗게 뜬 채 굳어 있었다. 페너는 목장갑을 꼈다. 잉그리트는 도끼만 응시했다. 피하지 않았다. 일격에 이미 두개골이 반쪽이 났다. 즉사였다. 도끼는 뼈를 가르며 얼굴까지 파고들어갔다. 얼굴은 그녀가 바닥에 쓰러지기도 전에 두 쪽으로 나뉘었다. 페너는 도끼를 뽑느라 안간힘을 써야 했다. 발로 여자의 목을 밟고 빼냈다. 다시 두 번 강하게 내려침으로써 머리가 몸통에서 떨어져나갔다. 나중에 법의학자는 팔과 다리를 떼어 내기 위해 페너가 열일곱 번 더 도끼질을 했다고 확인했다.

페너는 거친 숨을 몰아쉬었다. 작은 나무 의자에 걸터앉았다. 평소 화분을 돌볼 때 쓰던 의자였다. 의자의 다리는 흥건하게 고인 피 한가운데 박혀 있었다. 페너는 배고픔을 느꼈다. 언제인가 자리에서 일어선 노인은 시체 옆에서 옷을 벗고, 지하실의 세면대에서 머리와 얼굴에 묻은 피를 씻었다. 지하실 문을 안에서 잠근 다음, 안에 있는 계단을 통해 집으로 올라갔다. 위에서 옷을 갈아입은 페너는 경찰에 전화를 걸어 자신의 이름을 대고 주소를 말했다. 녹음된 내용을 글자 그대로 옮겨 보면 다음과 같다. "내가 잉그리트를 잘게 만들어 놨소. 당장 오시오." 대답을 기다리지 않고 페너는 전화를 끊었다. 그의 목소리는 떨지 않았다.

경찰은 페너의 전화를 받은 지 불과 몇 분 만에 집 앞에 도착했다. 사이렌을 울리지 않았으며 경광등도 켜지 않았다. 경관 가운데 한 명은 29년째 이 지역에서 근속했으며, 그의 가족은 모두 페너의 환자였다. 정원 문 앞에 서서 기다리고 있던 페너는 경관에게 열쇠를 건넸다. 그녀가 지하실에 있다고 짤막하게 말했다. 경관은 아무것도 묻지 않는 게 낫다는 것을 직감했다. 양복 차림의 노인은 구두를 신지 않았으며, 양말도 없는 맨발이었다. 페너는 아주 침착했다.

◆ ◆ ◆

재판은 나흘에 걸쳐 열렸다. 배심 법정의 판사는 경험이 많은 노련한 남자였다. 그는 자신이 심판해야 할 페너가 누구인지 잘 알고 있었다. 잉그리트도 물론 알았다. 그래도 신중을 기하고자 증인들을 세웠다. 모두 페너를 안타까워했다. 저마다 그의 편을 들었다. 우편배달부는 페너를 지금껏 "성자"로 여겨 왔다고 말했다. "어떻게 해서 그가 지금껏 참고 살아왔는지" 도무지 알 수 없으며, "기적"과도 같은 일이라고 했다. 정신과 의사는 페너의 상태가 오랫동안 억눌러왔던 분노가 폭발한 것이라고 했다. 일종의 "감정 통제 장애"가 일어난 것이며, 그렇다고 "책임을 질 수 없는 무능력자"로 볼 수는 없다는 소견을 제시했다.

검사는 8년의 실형을 구형했다. 검사는 충분한 시간을 두고 범행 과정을 세세하게 묘사했다. 지하실에 고인 피를 절벅거리며 밟고 다녔다며 자신의 구두를 보여 주기도 했다. 그런 다음 페너에게 대안이 없었던 게 아니라고 힘주어 강조했다. 이혼을 하면 되었을 거 아니냐는 힐난이었다.

검사의 주장은 결정적인 점을 놓치고 있다. 페너는 바로 이혼을 할 수 없었던 것이다. 최근 형사재판에서 선서가 더 이상 아무런 의미가 없다고 보고 이를 철폐하는 것으로 법률을 개정했다. 우리는 벌써 오래전부터 선서를 믿지 않는다. 선서를 했다고 해서 증인이 거짓말을 하지 않을까? 거짓 증언을 하는 증인은 거짓말을 하고 있는 것일 따름이다. 선서로 이를 바꿀 수 있다고 진지하게 생각하는 법관은 단 한 사람도 없다. 현대인에게 맹세란 선서처럼 하나마나 한 요식행위이다. 그러나 페너는 현대인이 아니다. 바로 이 '그러나'라는 말에 하나의 세계가 들어 있음을 간과해서는 안 된다. 페너의 약속은 진지하고 심각한 것이었다. 그는 평생 약속을 붙들고 살았다. 아니 그 이상이다. 페너는 자신이 한 약속의 포로였다. 페너는 잉그리트에게 한 맹세로부터 자신을 해방시킬 수 없었다. 이혼은 곧 맹세를 깨는 것과 같았다. 폭력의 분출은 평생 맹세로 가두어 둔 분노라는 압축 가스통이 폭발한 것과 다르지 않았다.

나에게 오빠의 변호를 부탁한 페너의 누이는 방청석에 앉아 있었다. 그녀는 하염없이 눈물만 흘렸다. 페너의 옛 간호사가 그녀의 손을 꼭 잡고 있었다. 페너는 감옥에 있는 동안 더욱 말랐다. 그는 짙은 갈색 나무로 만든 피고석 의자에 앉아 꼼짝도 하지 않았다.

이 사건에는 변호할 게 없었다. 다만 법철학으로 다룰 문제가 있었을 따름이다. 즉, 처벌이라는 게 무슨 의미를 가질까? 우리는 무엇 때문에 형벌을 내릴까? 변론에서 나는 처벌을 내려야 할 이유를 찾으려 시도했다. 이론은 차고 넘쳐 난다. 형벌은 충격을 주어 경각심을 갖게 만든다는 게 그 하나다. 우리를 보호하기 위한 것이라는 이론도 있다. 또 형벌은 범인에게 다시 같은 범행을 저지르지 못하게 막는 역할을 한다거나, 부정을 바로잡기 위한 것이라는 주장도 설득력을 갖는다. 법이란 이런 이론들을 종합하고 통일한 것이라야 한다. 다만, 페너의 경우에 들어맞는 이론은 없다. 그 어떤 것도 딱 들어맞지 않는다. 페너가 다시 살인을 하는 일이 있을까? 범행이 부당한 것은 분명하다. 하지만, 이 부당함의 무게를 무엇으로 잴 것인가? 이를테면 누가 페너에게 죗값을 물을 것인가? 그를 처벌한다고 해서 정의가 바로 섰다고 믿을 사람이 누구인가? 내 변론은 길어졌다. 나는 페너의 인생을 이야기했다. 페너가 도저히 더 어떻게 할 수 없는 끝장에 이르렀음을 사람들이 이해해 주기 바랐다. 법정에 내 말뜻이 전달될 때까지 변론을 계속했다. 판사와 배심원이 고개를 끄덕이는 것을 보고 나는 다시 자리에 앉았다.

페너는 최후진술을 했다. 법정은 재판 말미에 피고의 진술을 듣는다. 법관은 그 진술을 판결에 참고해야 한다. 페너는 고개를 숙이고 손을 가지런히 모으고 있었다. 미리 궁리해 둔 진술을 공들여 외울 필요는 없었다. 그는 자신이 살아온 인생을 짧게 요약했다.

"아내를 사랑했습니다. 그리고 결국 제가 그녀를 죽였습니다. 아직도 그녀를 사랑합니다. 아내에게 약속했었죠, 내 여자는 당신뿐이라고. 내가 죽을 때까지 이는 변하지 않을 겁니다. 약속은 제가 깼습니다. 남은 생애 동안 죄를 안고 살겠습니다."

진술을 끝내고 자리에 앉은 페너는 입을 굳게 다물고 바닥만 뚫어져라 내려다보았다. 법정 안은 무거운 침묵이 흘렀다. 판사조차 가슴이 무거운 것처럼 보였다. 이윽고 판사는 결심을 위해 재판을 유예한다고 선언했다. 판결은 다음날 내려졌다.

선고가 내려진 날 저녁 나는 다시금 감방의 페너를 면회했다. 말할 것은 더 이상 없었다. 페너의 손에는 구겨진 봉투가 들려 있었다. 봉투에서 그는 신혼여행 사진을 꺼내 들었다. 페너는 그 두툼한 엄지손가락으로 잉그리트의 얼굴을 쓰다듬었다. 사진 위에 붙인 보호 코팅은 떨어져 나간 지 벌써 오래였다. 그녀의 얼굴은 이미 거의 지워져 하얗다.

♦ ♦ ♦

페너는 3년 형을 언도받았다. 구속 명령은 집행되지 않았다. 그는 미결 구류에서 풀려났다. 페너는 자신에게 내려진 형을 '자유 공개 형벌'로 치를 수 있었다. '자유 공개 형벌'이란 죄수가 하루 일과를 자유롭게 소화하되 잠은 형무소에 와서 자야 한다는 것을 뜻한다. 조건은 직업을 가져야 한다는 것이었다. 일흔두 살의 노인이 새로운 직업을 찾는 일은 간단하지 않았다. 결국 누이동생이 해결책을 찾아냈다. 페너는 자신을 과일 상인으로 노동부에 신고했다. 정원에서 직접 기른 사과를 팔았다.

넉 달 뒤 빨간 사과 한 상자가 내 법무법인에 도착했다. 상자에 동봉한 편지 봉투에는 쪽지 한 장이 들어 있었다.

"올해는 사과가 좋군요. 페너."

story 2
타나타의 찻잔

story 2 — 타나타의 찻잔

───── 베를린의 대학생 파티는 흥겹기만 했다. 언제나 그렇듯 크로이츠베르크와 노이쾰른 출신*의 남자애들이라면 사족을 못 쓰는 여학생이 적지 않았다. 그쪽 친구들은 뭔가 달랐으니까. 아마도 사내 녀석들의 거친 매너에 매력을 느끼는 모양이다. 이번에도 자미르는 운이 좋은 것 같았다. 푸른 눈의 여자애는 그만 봤다 하면 웃었다. 아예 잇몸을 드러내고 웃었다.

돌연 그녀의 남자 친구가 나타났다. 자미르더러 당장 꺼지라고 했다. 아니면, 길바닥에 들어다 놓겠다고 했다. 자미르는 '들어다 놓겠다'는 말이 무슨 뜻인지 몰랐다. 하지만 상대가 전의를 불태우고 있다는 것은 알았다. 바깥으로 밀려났다. 나이를 제법 먹은 대학생 한 명이 다가와, 저치는 아마추어 복서라고, 대학 챔피언이라고 말해 줬다. 자미르가 물었다. "그래서 어쩌라고?" 그는 이제 겨우 열일곱 살이었으며, 지금껏 150번이 넘게 길거리 싸움을 치러 냈다. 그가 무서워하는 것은 거의 없었다. 주먹질은 일상이었다.

◆ 크로이츠베르크와 노이쾰른은 베를린에서도 아랍계(특히 터키 출신)가 많이 사는 지역으로 대표적인 빈민촌이다.

복서는 근육질의 다부진 몸매에 어깨가 떡 벌어졌으며, 자미르보다 머리 하나는 더 컸다. 그리고 입술을 일그러뜨리며 비웃음을 흘렸다. 곧 구경꾼들이 몰려들어 둥그렇게 둘러쌌다. 복서가 웃통을 벗는 사이, 자미르는 구두코로 그의 사타구니를 찍었다. 자미르의 구두는 안쪽에 철판을 댄 것이다. 복서는 "억" 하며 그대로 고꾸라졌다. 자미르는 그의 머리끄덩이를 잡은 다음 오른쪽 무릎으로 얼굴을 강타했다. 거리가 무척 시끄러웠음에도 복서의 턱이 우지끈 부러지는 소리가 똑똑히 들렸다. 그는 피를 흘리며 아스팔트에 널브러졌다. 한 손은 사타구니를, 다른 한 손은 얼굴을 감쌌다. 자미르는 두 걸음 달려들며 옆구리를 걷어찼다. 복서의 갈빗대 두 개가 부러졌다.

자미르는 자신이 페어플레이를 했다고 생각했다. 발로 얼굴을 차지 않았고, 칼을 쓰지 않았다고 자부했다. 숨소리 한 번 흐트러지지 않을 정도로 여유만만하게 패자를 굽어보았다. 금발 계집애가 자신과 함께 뛸 생각은 하지 않고, 울며불며 바닥에 쓰러진 놈을 돌보는 것을 본 자미르는 벌컥 화가 났다. "씨팔, 걸레 같은 년." 욕을 툭 내뱉은 그는 집으로 갔다.

소년법원 판사는 자미르에게 금고형 2주와 함께 폭력 방지 세미나에 의무적으로 참석하라는 판결을 내렸다. 자미르는 분통이 터져 미칠 것만 같았다. 청소년감호소의 교도관들에게 판결이 잘못되었다고 볼멘소리를 했다. 시비를 건 쪽은 어디까지나 복서라고, 자신은 그저 빨랐을 뿐이며, 받아친 게 죄냐고 표독을 떨었다. 판사는 복싱이 무슨 축구와 같은 게임인 줄 아는 모양인데, 장난삼아 치고받는 게 아니고 제대로 한판 벌인 것을 가지고 자신에게 잘못을 뒤집어씌울 수는 없다고 자미르는 씩씩거렸다.

두 주 뒤 감방을 나선 자미르는 외츠칸의 환영을 받았다. 외츠칸은 자미르의 가장 친한 친구이다. 열여덟 살인 외츠칸은 큰 키에 행동이 굼떴으며, 얼굴은 밀가루 반죽 같이 생긴 남자애였다. 그는 열두 살에 벌써 여자 친구를 사귀었으며, 휴대폰으로 그녀와 벌인 일을 촬영했다. 덕분에 그는 언제나 또래의 우러름을 받았다. 외츠칸은 눈을 의심하게 만들 정도로 큰 페니스를 가졌다. 화장실에서 소변을 볼 때면 언제나 다른 남자들 보라고 자랑스레 물건을 흔들어 댔다. 외츠칸은 무조건 뉴욕으로 건너가고 싶어 했다. 한 번도 가 본 적이 없었고, 영어도 할 줄 몰랐지만, 외츠칸은 자나 깨나 뉴욕 생각이었다. 항상 머리에는 "N.Y."라고 쓰인 짙은 푸른색 야구 모자를 썼다. 그는 뉴욕에서 레스토랑과 여자 무용수들을 갖춘 나이트클럽을 열고 싶어 했다. 왜 하필 그게 뉴욕이어야 하는지 설명하지는 못했으며, 그런 물음을 두고 생각하는 일도 없었다. 외츠칸의 아버지는 평생 전구 공장에서 일을 해 왔으며, 터키에서 달랑 가방 하나 들고 독일로 건너온 인물이다. 그에게 유일한 희망은 아들이었다. 아버지는 입만 열면 뉴욕을 달고 사는 아들을 이해할 수 없었다.

외츠칸은 자미르에게 어떤 계획을 가진 남자를 알게 되었다고 말했다. 그의 이름은 마놀리스이며, 끝내주는 계획이라고 했다. 다만, 마놀리스가 "완전히 땜빵이 안 된 것"은 흠이라고 했다.

마놀리스는 그리스계였다. 그의 집안은 크로이츠베르크와 노이쾰른에서 레스토랑과 인터넷 카페를 운영했다. 마놀리스는 대입 자격시험인 아비투르를 치렀다. 대학에서 역사를 공부할 생각이었다. 용돈을 벌겠답시고 마약 거래에 손을 댔다. 그런데 2년 전 뭔가 일이 틀어졌다. 가방에는 코카인 대신 종이와 모래만 가득했다. 물건을 사기로 한 상대방은 돈을 가지고 차로 도망가는 마놀리스에게 총질을 해 댔다. 사격 솜씨가 워낙 형편없었던 탓에 아홉 발 가운데 한 발만 마놀리스의 뒤통수를 맞췄다. 그리고 총알은 거기에 박혀 버렸다. 순찰차에 의해 발견된 마놀리스의 머리에는 여전히 총알이 들어 있었다. 병원에 가서야 의사들이 총알을 발견했다. 그때부터 마놀리스는 이상해졌다. 수술이 끝난 뒤 그는 가족에게 자신이 핀란드 사람이라고 억지를 부렸다. 핀란드 국경일인 12월 6일을 매년 지키고 기념했다. 핀란드어를 배우겠다고 갖은 소동을 벌였지만 소득은 없었다. 그밖에 잊을 만하면 발작 증상을 보였다. 그의 계획이 "완전히 땜빵이 안 됐다"는 표현은 이를 염두에 둔 것이다.

　그러나 자미르는 멋진 계획이라고 했다. 내용인즉, 마놀리스 누나의 여자 친구가 달렘◆의 고급 빌라에서 청소부로 일하고 있는데, 주인이 어디에 돈을 두는지 알고 있다는 거였다. 돈이 절박했던 청소부는 마놀리스에게 돈을 나누어 갖는 조건으로 정보를 주겠다고 했다. 보안장치의 코드는 물론이고 금고의 전자자물쇠의 번호도 알고 있다고 몇 번이나 다짐하듯 말했다. 게다가 주인은 나흘 동안 베를린에 있지 않을 거라고 했다. 자미르와 외츠칸은 생각하고 자시고 할 거 없이 그 자리에서 동의했다.

　범행 전날 밤 자미르는 잠을 설쳤다. 마놀리스와 핀란드가 나오는 꿈을 꾸었다. 잠에서 깨었을 때는 오후 2시였다. 자미르는 "빌어먹을 법관 새끼!" 하고 욕을 내뱉고는 곁에서 자던 여자 친구를 침대에서 밀쳐 냈다. 정각 4시면 폭력 방지 세미나에 출석해야만 하기 때문이다.

◆ ◆ ◆

　외츠칸은 새벽 2시쯤 자미르를 데리러 왔다. 마놀리스는 여전

◆ 베를린의 최고급 주택가. 서민형 연립주택을 빌라로 부르는 우리와 달리, 서구의 빌라는 별장형 고급 주택을 이르는 말이다. 독일의 빌라도 규모가 작은 성채쯤 된다.

히 잠을 자고 있어서 자미르와 외츠칸은 족히 20분은 문 앞에서 추위에 떨며 기다려야만 했다. 자동차 유리창에 서리가 낄 정도였다. 길을 잃고 헤매며 패거리는 서로 악을 써 댔다. 달렘에 도착한 것은 3시가 조금 안 되었을 때였다. 차 안에서 패거리는 털실로 짠 검은 복면을 썼다. 복면은 너무 커서 자꾸 흘러내렸으며, 가려움을 참기 힘들었고 땀까지 비 오듯 흘렀다. 외츠칸은 입안에 털실 보푸라기가 들어오자 계기판에 대고 퉤퉤하고 뱉어 냈다. 일회용 비닐장갑을 낀 패거리는 자갈길을 가로질러 빌라 현관으로 갔다.

마놀리스는 현관 전자자물쇠에 번호를 입력했다. 찰칵 소리와 함께 문이 열렸다. 현관에는 경비업체가 설치한 보안장치가 있었다. 역시 여기서도 마놀리스가 코드를 입력하자 빨갛게 빛나던 램프는 푸른색으로 바뀌었다. 외츠칸은 낄낄대며 웃었다. "외츠칸 일레븐"◆ 하고 큰소리로 외쳤다. 영화라면 사족을 못 쓰는 외츠칸이었다. 처음의 긴장은 온데간데없이 사라졌다. 이렇게 쉬운 일은 결코 없으리라. 현관문이 다시 닫히고 패거리는 칠흑 같은 어둠 속에 서 있었다.

조명 스위치를 찾을 수가 없었다. 자미르는 계단 턱에 발이 걸

◆ 외츠칸이 자신을 영화 《오션스 일레븐》에서 소매치기, 사기꾼, 폭파 전문가 등 각 분야의 프로들을 불러 모아 카지노를 터는 주인공 대니 오션에 빗대어 표현한 것이다.

려 옷걸이 모서리에 왼쪽 눈썹을 찍었다. 외츠칸은 자미르의 발을 밟고 중심을 잃으며 그의 등에 무너졌다. 갑자기 누르는 무게에 자미르는 비명을 질렀다. 마놀리스는 꼼짝도 않고 서서 눈알만 굴렸다. 플래시를 깜빡한 것을 깨닫고 가슴을 쳤지만 이미 늦은 일이었다.

눈이 차츰 어둠에 익숙해졌다. 자미르는 얼굴에서 흐르는 피를 손등으로 닦았다. 마침내 마놀리스가 스위치를 찾아냈다. 집안은 일본풍으로 꾸며져 있었다. 자미르와 외츠칸은 처음 보는 가구와 이상한 글씨에 눈이 휘둥그레졌다. 금고를 찾아내는 데는 몇 분 걸리지 않았다. 워낙 설명이 정확했던 탓이다. 패거리는 준비해 온 쇠파이프를 지렛대 삼아 금고를 들어 올린 뒤에 자동차로 옮겼다. 마놀리스는 다시 집으로 들어가려 했다. 주방을 눈여겨봐 두었던 것이다. 그는 어눌한 목소리로 배가 고프다고 칭얼댔다. 한동안 실랑이가 오갔다. 마침내 자미르는 지금 다시 들어가는 것은 너무 위험하다는 결정을 내렸다. 돌아가는 길에 간단한 먹을거리를 살 곳이 있을 거라고 했다. 마놀리스는 계속 툴툴댔지만 둘을 상대할 수는 없었다.

노이쾰른 집의 지하실에서 패거리는 금고를 열려고 안간힘을 썼다. 금고를 다뤄 본 경험이 있었지만 이것은 꼼짝도 하지 않았다. 외츠칸은 친척에게 고성능 전기 드릴을 빌려왔다. 네 시간 뒤 금고를 연 패거리는 입이 떡 벌어졌다. 들인 수고가 충분한 보상을 받고도 남음이 있었던 것이다. 금고 안에서는 현찰로 12만 유로와 함께 고급 시계가 여섯 개나 들어 있는 보석함도 나왔다. 그밖에 검게 칠한 작은 나무 상자도 하나 있었다. 붉은 비단으로 싸인 상자 안에서는 아주 오래된 것으로 보이는 찻잔 세트가 나왔다. 외츠칸은 이런 고물을 어디에 쓰냐며 버리려고 들었다. 자미르는 그것을 자신의 누나에게 선물하고 싶어 했다. 마놀리스는 모든 게 귀찮았다. 그는 배가 고팠을 따름이다. 마침내 이들은 다기 세트를 마이크에게 팔기로 합의했다. 마이크는 커다란 간판이 걸린 작은 가게의 주인이었다. 그는 자신을 골동품상이라고 불렀지만, 사실 가진 것이라고는 작은 트럭 한 대가 전부였으며, 그것으로 이삿짐을 나르거나 고물을 사고팔았다. 찻잔을 본 마이크는 패거리의 손에 30유로를 쥐어 줬다.

 지하실을 나서면서 자미르는 외츠칸의 어깨를 툭 쳤다. "외츠칸 일레븐! 그거 멋졌어!" 모두 큰소리로 웃었다. 마놀리스의 누나는 친구를 대신해 3천 유로를 받았다. 나머지는 셋에서 나누어 가졌다. 각자 4만 유로라는 거금을 거머쥔 것이다. 자미르는 시계를 장물아비에게 팔았다. 아주 간단하고 두둑한 도둑질이었다. 문제가 될 건 아무것도 없었다.

그러나 이들의 생각은 착각일 뿐이었다.

◆ ◆ ◆

히로시 타나타는 침실에 서서 금고가 있던 자리를 뚫어져라 노려보았다. 그는 올해 일흔여섯의 노인이다. 타나타의 가문은 일본에서 수백 년에 걸쳐 중공업, 금융업에 종사해 왔다. 타나타는 소리를 지르지 않았다. 그렇다고 평소와 다른 행동을 한 것은 아니다. 그는 다만 빈자리만 노려볼 뿐이었다. 그러나 벌써 30년이 넘게 타나타를 위해 일해 온 비서는 그날 저녁 자신의 아내에게 타나타가 저렇게 화를 내는 모습은 처음 본다고 말했다.

이날 비서는 몹시 많은 일을 처리해야 했다. 출동한 경찰은 끊임없이 질문을 퍼부었다. 경찰은 집 안을 잘 아는 사람의 소행이라고 확신했다. 가정부나 운전기사에게 혐의를 두었다. 보안장치가 꺼져 있었고, 문을 강제로 연 흔적이 없는 것을 볼 때 당연한 결론이었다. 하지만, 구체적으로 누구에게 혐의를 두어야 할지 막막하기만 했다. 현장 감식 결과는 기대 이하였다. 주州경찰청LKA의 수사관들이 집 안 곳곳을 샅샅이 훑었지만 지문 하나 나오지 않았다. 이런 마당에 DNA 단서를 기대할 수는 없었다. 경찰에 신고하기 전에 청소부가 워낙 깔끔하게 청소를 해 놓은 탓이다. 자신의 주인을 잘 아는 비서는 경찰의 질문에 간명하게 답하면서도 핵심은 교묘하게 피해 갔다.

비서가 더 중요하게 생각한 일은 빨리 언론과 유명한 수집가들에게 도난 사실을 알리는 거였다. 누구든 타나타 찻잔 세트를 가족에게 돌려주는 사람은 최고의 보상을 받을 터였다. 찻잔은 가문이 4백 년이 넘게 지켜 오던 것이다. 찻잔만 돌려받을 수만 있다면 타나타는 아무것도 묻지 않겠다고 다짐했다.

◆ ◆ ◆

요크슈트라세◆에 위치한 이발소 '포콜'은 주인의 이름도 이발소 이름과 똑같은 포콜이다. 가게 안이 훤히 들여다보이는 유리창에는 1980년대의 빛바랜 광고 포스터 두 장이 걸려 있었다. 머리 염색약 '벨라'를 손에 든 금발 미녀가 터틀넥 스웨터를 입고 웃고 있다. 머리숱이 무척 많은 여자다. 옆에 선 남자는 긴 턱에 멋들어진 콧수염을 길렀다. 포콜은 이 가게를 아버지에게서 물려받았다. 젊었을 때 포콜은 직접 이발을 했다. 물론 가위질은 아버지에게 배웠다. 요즘 포콜은 이발소 외에도 합법적인 게임방 몇 곳과 불법 노름방 여러 곳을 운영하고 있다. 이발소에서는 종일

◆ 베를린 크로이츠베르크에 있는 거리 이름. 술집과 클럽 등 유흥업소가 밀집한 곳이다.

편안한 이발 의자에 앉아 차를 마시며 장부를 정리했다. 나이가 들면서 몸집이 무척 불었다. 그도 그럴 것이 터키산 단 과자를 너무 좋아했다. 포콜의 처남은 이발소에서 세 집 정도 거리에 떨어진 곳에서 빵집을 하며, 도시 전체에서 최고로 손꼽히는 '발리 엘 마라르'를 만들었다. 이것은 사과를 얇게 슬라이스로 자른 다음 꿀을 듬뿍 묻혀 기름에 튀겨 낸 과자이다.

포콜은 성미가 불같았으며 거칠고 잔인했다. 그리고 그게 자신의 무기라는 것을 잘 알았다. 포콜이 술집 주인과 한판 벌인 일은 사람들 사이에 전설로 회자되었다. 벌써 15년 전의 이야기다. 주인이 먹고 마신 값을 내라고 포콜을 다그쳤다. 포콜은 주인을 알지 못했고, 주인도 포콜을 몰랐다. 포콜은 자신이 주문한 술과 안주를 벽에 집어던졌다. 그리고 자동차로 가서 트렁크에 있던 야구방망이를 가지고 돌아왔다. 주인은 오른쪽 눈의 시력을 잃었으며, 비장과 왼쪽 신장이 망가지고 말았다. 그는 남은 평생을 휠체어 위에서 살아야 했다. 포콜은 살인미수 죄로 8년형을 받았다. 선고가 내려지던 날, 주인은 휠체어와 함께 지하철 계단을 굴렀다. 목이 꺾이는 중상을 입었다. 형기를 마치고 나온 포콜은 동네의 어떤 술집에서도 공짜로 먹고 마실 수 있었다.

포콜은 신문에서 타나타 찻잔 이야기를 읽었다. 친척, 친구, 장물아비와 사업 파트너 등에게 열심히 전화를 돌린 끝에 누가 타나타의 집을 털었는지 알아냈다. 그는 총알이라는 별명의 똘마니를 보냈다. 총알은 자미르와 외츠칸에게 포콜이 보고 싶어 한다고 전했다. 그것도 당장!

둘은 얼마 뒤 이발소에 나타났다. 포콜은 반색을 하며 맞았다. 차와 과자를 내오게 했다. 분위기가 제법 좋았다. 그런데 갑자기 포콜이 고함을 지르기 시작했다. 자미르의 머리끄덩이를 잡고 휘돌린 다음 구석에 몰아 놓고 발로 찼다. 자미르는 꼼짝도 못하고 맞았다. 발길질을 두 번 당한 끝에 자기 몫의 30퍼센트를 내놓겠다고 제안했다. 포콜은 욕을 퍼부으며 고개를 끄덕이고는 돌연 널빤지를 집어 들더니 멍하니 서 있는 외츠칸의 머리를 강타했다. 널빤지는 이런 경우를 위해 가게 안에 상비해 둔 것이다. 바닥에 널브러진 외츠칸을 보고서야 포콜은 흥분을 가라앉히고 이발 의자에 앉아 옆방의 여자 친구를 불렀다.

포콜의 여자 친구는 몇 달 전만 해도 모델로 일했다. 독일판 《플레이보이》의 9월호 표지에 나올 정도로 성공을 거두기도 했다. 계속 무대 위에서 화려한 조명을 받거나 음악 방송의 진행자가 되기를 꿈꿨다. 포콜의 눈에 띄기 전까지 말이다. 포콜은 그녀의 남자 친구를 흠씬 두들겨 팬 다음 매니저가 되어 주겠다고 자청하고 나왔다. 포콜은 이런 일을 두고 "꽃 꺾기"라고 불렀다. 그는 여자의 가슴 확대 수술을 시켰으며 입술도 더 도톰하게 바꾸

게 했다. 처음에 여자는 포콜의 말을 믿고 따랐다. 실제로 포콜은 상당한 노력을 기울였다. 여자를 연예 기획사에 들어가게 했다. 그러나 돈만 들어가고 성과가 신통치 않자, 처음에는 디스코텍에 출연하게 하더니 나중에는 스트립쇼를 강제로 시켰고 마침내 포르노를 찍게 만들었다. 독일에서 이런 포르노는 법으로 금지되어 있다. 비탄에 빠진 여자가 눈물로 나날을 보내자 포콜은 그녀에게 처음으로 헤로인을 주사했다. 이내 여자는 중독되어 마약이 없이는 단 하루도 견딜 수 없게 되었다. 포콜은 그의 친구들이 포르노를 찍으며 여자를 오물통으로 만들어 버리자 다시는 그녀와 섹스를 하지 않았다. 그럼에도 포콜이 여자를 데리고 있는 이유는 인신매매가 가능한 베이루트로 팔아넘기기 위해서였다. 성형수술에 들어간 돈은 건지고 싶었던 것이다.

여자는 외츠칸의 깨진 이마에 붕대를 감아 주었다. 포콜은 낄낄대며 피가 흘러 빨간 머리가 마치 인디언처럼 보인다고 농담을 했다. "이제 좀 대가리가 돌아가나, 홍색 인종아?" 다시금 차와 과자가 나왔다. 여자 친구는 내보냈다. 협상이 계속되었다. 50퍼센트에 합의를 했으며, 시계와 찻잔 세트는 포콜의 몫으로 하기로 했다. 자미르와 외츠칸은 형님을 몰라본 실수를 인정했다. 포콜은 개인적으로 아무 유감이 없다고 했다. 작별을 하면서 자미르를 끌어안고 볼에 쪽 소리가 나도록 입을 맞추었다.

자미르와 외츠칸이 이발소를 나가자마자 포콜은 바그너에게 전화를 걸었다. 바그너는 사기가 전문이었다. 160의 작은 키에, 피부는 너무 오랜 세월 동안 태닝을 하는 바람에 누렇게 변했으며, 머리는 갈색으로 염색했다. 벌써 새치가 많았기 때문이다. 바그너의 집은 1980년대의 풍경에서 조금도 벗어나지 못했다. 2층 바닥에는 플로카티◆ 양탄자가 깔려 있었으며, 침실에는 커다란 거울이 달린 옷장과 함께 기묘하게 생긴 침대가 엽기적인 느낌을 자아냈다. 아래층 거실에는 하얀 가죽 소파와 역시 하얀 대리석이 눈을 부시게 만들었다. 벽도 하얀색 페인트로 칠했으며, 소파 앞에 놓인 탁자는 다이아몬드 모양이었다. 바그너는 번쩍이는 모든 것을 좋아했다. 심지어 휴대폰조차 반짝이는 유리알로 장식했을 정도였다.

　　몇 해 전 바그너는 법원에 파산 신청을 했다. 재산은 친척의 명의로 빼돌린 뒤였다. 법원이 이를 수상히 여기자 계속해서 빚을 부풀렸다. 실제로 바그너는 가진 게 거의 없었다. 집은 이혼한 전처의 소유였으며, 몇 달째 의료보험료조차 내지 못했다. 지금 같이 사는 여자 친구의 끝 모를 메이크업 비용도 대 줄 처지가 못 되었다. 옛날 쉽게 벌었던 돈은 고급 승용차와 이비사 섬◆◆에서

◆ 그리스에서 만드는 손으로 짠 양탄자.
◆◆ 스페인 발레아레스 제도 서쪽 끝에 있는 섬. 관광지와 휴양지로 유명하다.

의 샴페인과 코카인 파티로 다 날려 버렸다. 한때 그와 즐겼던 금융계 인사들은 모두 꼬리를 감추었다. 십 년이 넘은 페라리에 새 타이어를 갈아 끼울 엄두도 못 내고 있었다. 한마디로 바그너는 오랫동안 기회만 노려 왔다. 모든 것을 다시 좋았던 시절로 되돌릴 수 있기만 간절히 바랐다. 카페에서는 언제나 큰 목소리로 여급에게 "여기 라테 한 잔!" 하고 주문했으며, 노인들이나 웃을 썰렁한 농담에 배를 부여잡고 킬킬댔다. 하지만 평생 열등감에 시달리며 살아온 바그너였다.

  평범한 사기꾼이 거짓말과 눈속임에 급급해 하는 반면, 바그너는 교묘하고 영리했다. 그는 자신을 두고 "최하층에서 성공을 일궈 낸 단단한 베를린 남자"라고 떠벌렸다. 중산층 시민들은 바그너의 말을 믿었다. 거칠고 시끄러우며 불편하기는 했지만, 바로 그래서 거짓말을 하지 않는다고 여겼다. 바그너는 거칠지도 솔직하지도 않았다. 주먹질을 하기에는 체구가 너무 작았고, 실력으로 세상과 승부하기에는 너무 약삭빨랐다. 자기가 보기에도 자신의 모습이 성에 차지 않기에 속을 끓일 뿐이었다. 큰소리를 치긴 하지만, 바그너도 자신이 "성공"과는 거리가 멀다는 사실을 너무나 잘 알고 있었다. 아무튼 그래서 기괴할 정도로 머리를 굴렸다. 자신이 허약한 사람이라는 열등감에 평생 시달려 왔기에 남의 약점을 알아보는 데는 귀신같았다. 그리고 자신에게 유리

한 쪽으로 남의 약점을 철저히 활용했다.

포콜은 바그너를 수족처럼 부렸다. 조금이라도 못마땅해 하는 기색을 보이면 흠씬 두들겨 팼다. 최근에는 굼뜨게 군다고 주먹부터 날렸다. 그냥 몸이 근질거린다며 때리는 일도 잦았다. 별다른 쓸모가 없을 때는 언제나 쓰레기 취급을 했다. 그러나 이번 일만큼은 바그너가 적임자라고 포콜은 생각했다. 게다가 포콜은 자신의 세력권 바깥에서는 출신과 언어 때문에 사람들이 깔본다는 피해망상에 사로잡혀 있었다.

바그너는 타나타에게 전화를 걸어 찻잔과 시계를 되팔겠다고 제안하라는 포콜의 지시를 받았다. 물론 자세한 것은 아직 알리지 말라고 했다. 바그너는 중간 역할을 맡겠다고 했다. 곧 바그너는 타나타의 전화번호를 알아냈다. 비서와 20분 동안 통화했다. 바그너는 경찰에게는 알리지 말라고 몇 번이고 다짐을 받았다. 수화기를 내려놓은 바그너는 기분이 좋아 두 마리의 치와와를 쓰다듬었다. 돌체와 가바나라고 이름 붙인 강아지들이다. 천천히 강아지를 어루만지며 바그너는 포콜에게 어떻게 사기를 치는 게 좋을지 궁리를 했다.

가로테*는 양쪽 끝에 작은 나무 손잡이를 달아 놓은 가느다랗지만 아주 튼튼한 쇠줄이다. 중세에 고문이나 처형의 도구로 쓰

◆ 원래 작은 나무 의자처럼 만들어진 처형 도구. 의자에 묶어 놓고 쇠줄로 목을 조른다.

던 것을 변형시킨 '가로테'는 1973년까지도 스페인에서 실제 쓰였고 오늘날에도 살인범들이 즐겨 쓴다. '가로테'의 부품은 아무 건자재상에서나 손쉽게 구할 수 있다. 값도 싸고, 지니고 다니기 편리하며, 효과 만점이다. 뒤에서 희생자의 목을 감아 힘 있게 잡아당기면 그만이다. 소리도 지르지 못하고 이내 죽는다.

타나타에게 전화를 걸고 네 시간 뒤, 바그너 집의 초인종이 울렸다. 바그너는 안전 고리가 걸린 문을 빠끔하게 열고 내다보았다. 허리춤에 꽂아 두었던 권총도 바그너를 구하지 못했다. 눈 깜짝할 사이에 목젖을 강타당한 탓에 숨을 쉴 수가 없었다. 15분 뒤 '가로테'가 그의 숨을 영영 끊어 놓으려 하자 바그너는 마침내 죽을 수 있어 고마운 심정이었다.

다음날 아침 바그너의 가정부가 장 본 것을 주방에 들여다 놓다가 개수대에 잘린 손가락 두 개가 말라붙어 있는 것을 발견했다. 여자는 곧장 경찰에 신고했다. 바그너는 자신의 침대에 누워 있었다. 허벅지는 나사 조이개로 으깨진 상태였으며, 왼쪽 무릎에는 두 개의 대못이, 오른쪽에는 세 개의 대못이 박혀 있었다. 목에는 '가로테'가 감긴 그대로였으며 혀가 반쯤 입 밖에 늘어져 있었다. 바그너는 죽기 직전 오줌을 쌌는지 바지에서 지린내가 독하게 났다. 수사관들은 대체 범인이 바그너에게 어떤 정보를 얻어 내려 이런 가혹한 고문을 했는지 짐작조차 할 수 없어 난감

한 표정만 지었다. 거실의 대리석 바닥에는 강아지 두 마리가 뻗어 있었다. 아마도 짖는 소리가 손님의 비위에 거슬렸던 모양이다. 발로 걷어차고 짓밟은 게 분명했다. 현장감식반은 개의 터져 나온 내장에서 구두 밑창이 어떤 모양의 것인지 알아내려 했다. 과학수사본부 실험실에서 해부를 했을 때 비로소 플라스틱 한 조각이 확보되었다. 범인은 구두에 플라스틱 봉지를 씌웠던 게 틀림없었다.

바그너가 죽던 날 새벽 포콜은 다섯 시쯤 게임방의 동전을 플라스틱 통 두 개에 담아 이발소로 가지고 왔다. 포콜은 피곤하기만 했다. 문을 열려고 허리를 숙이는 순간, 포콜은 날카로운 금속성 소음이 울리는 것을 들었다. 그게 무슨 소리인지 포콜은 똑똑히 알았다. 그러나 어떻게 막아야 할지 머리가 채 반응하기도 전에 쇠막대기 끝에 달린 쇠공이 그의 뒤통수를 강타했다.

포콜에게 헤로인을 구걸하려고 가게로 들어섰던 여자 친구는 축 늘어져 있는 남자를 보고 새된 비명부터 질렀다. 포콜은 얼굴을 아래로 향하고 두 개의 이발 의자 가운데 하나에 누워 있었다. 팔을 벌리고 있는 모습이 꼭 의자를 껴안으려고 하는 것처럼 보였다. 발은 케이블을 엮는 플라스틱 고리로 꼼짝 못하게 묶여 있었다. 포콜의 엄청난 몸집은 양쪽 팔걸이 사이에 끼어 육중한 고깃덩어리처럼 보였다. 더욱 놀라운 점은 옷을 하나도 남김없이 벗겨 놓았으며, 항문에는 대걸레의 긴 자루가 부러진 채 꽂혀 있었다는 사실이다. 부검을 집도한 법의학자는 대걸레 자루를 어찌나 강하게 밀어 넣었는지 그 힘으로 방광이 터졌다고 확인했다. 포콜의 등과 머리에는 전부 117개의 자상이 나 있었다. 살인 도구로 쓰인 쇠공은 모두 14개의 뼈를 바수어 놓았다. 결정적으로 목숨을 끊어 놓은 타격이 어떤 것인지 확인하기는 어려웠다. 포콜의 금고는 멀쩡했으며, 게임방의 슬롯머신에서 회수한 동전들이 담긴 플라스틱 통도 손댄 흔적이 없이 입구에 놓여 있었다. 포콜은 입에 동전 하나를 문 채였다. 아마도 죽을 때 입에 끼워 넣은 모양이다. 해부할 때 식도에서도 동전 하나가 나왔다.

  수사는 아무런 진척이 없었다. 포콜의 가게에서 나온 지문들은 노이쾰른과 크로이츠베르크의 가능한 모든 혐의자에게 적용될 수 있는 것이었을 따름이다. 몽둥이를 항문에 꽂는 고문은 아랍계 범인을 암시했다. 굴욕을 맛보게 만드는 극단적인 고문 방법으로 아랍인이 종종 써먹었기 때문이다. 세력 다툼을 원인으로 지목한 경찰은 혐의가 가는 몇 명을 붙들어 철저히 심문을 했지만 아무 소용이 없었다. 포콜과 바그너가 함께 경찰의 용의선상에 떠오른 일도 전혀 없었다. 결국 전담 수사반은 두 범죄 사이에 아무런 연관을 찾아낼 수 없었다. 남은 것은 무수한 가설이었을 따름이다.

◆ ◆ ◆

　포콜의 가게와 그 앞의 보도에는 빨갛고 하얀 줄무늬가 들어간 '폴리스 라인'이 쳐졌다. 따로 설치한 조명이 공간을 환하게 밝혔다. 호기심을 가지고 지켜본 노이쾰른의 주민은 누구나 경찰이 현장 감식 작업을 벌이는 동안 포콜이 어떤 끔찍한 모습으로 죽어 갔는지 알게 되었다. 이제 자미르와 외츠칸과 마놀리스는 너무나 두려운 나머지 숨 한 번 크게 쉴 수 없을 지경이었다. 이들은 오전 11시에 돈과 시계와 찻잔을 들고 군중 속에 섞여 포콜의 가게를 흘끔거렸다. 이들에게 찻잔을 샀던 골동품상 마이크는 포콜의 가게에서 네 블록 떨어진 자신의 집에서 오른쪽 눈에 얼음찜질을 하고 있었다. 찻잔을 돌려주고 돈을 되찾으려다가 한 방 얻어맞은 것이다. 거래를 깨는 쪽의 눈두덩이 시퍼렇게 멍이 드는 것은 이곳 거리의 법이었다.

　마침내 마놀리스가 입을 열었다. 포콜은 고문을 당한 게 틀림없다고 했다. 사실 이는 세 사람 모두의 생각이었다. 그리고 포콜을 죽인 범인이 뭔가 알아내기 위해 고문을 했다면, 그것은 분명 자신들의 이름일 것이다. 포콜은 이름을 불고도 남을 위인이었다. 또 포콜을 저렇게 다룰 정도로 악랄한 범인이라면, 이제 세 사람은 거의 아무런 희망이 없다고 봐야 마땅했다. 자미르는 찻잔 문제를 빨리 해결하는 게 좋겠다고 말했다. 나머지 둘은 고개만 끄덕였다. 결국 외츠칸이 변호사를 찾아가자는 제안을 하기에 이르렀다.

◆ ◆ ◆

세 청년은 나에게 전후 사정을 털어놓았다. 그 자세한 정황은 이랬다. 세 청년의 대변인을 자임하고 나선 마놀리스는 자꾸 어려운 단어를 고집하는 바람에 이야기가 옆길로 새기만 했다. 그는 이야기에 집중하지도 못했다. 이야기가 마무리되기까지 무척 오랜 시간이 걸렸다. 그런 다음 세 청년은 타나타가 자신들의 소행이라는 것을 아는지 잘 모르겠다고 했다. 이들은 돈과 시계와, 찻잔이 담긴 상자를 테이블 위에 올려놓고 주인에게 전해 달라고 청했다. 나는 모든 것을 될 수 있는 한 꼼꼼하게 기록했다. 돈에는 손도 대지 않았다. 내가 중간에서 돈까지 전달해 주게 되면 이는 돈 세탁에 해당한다. 나는 타나타의 비서에게 전화를 걸어 오후에 약속을 잡았다.

타나타의 집은 달렘에서도 한적한 거리에 있었다. 초인종은 없었으며, 눈에 보이지 않는 레이저 차단기가 짙은 울림의 종소리가 나게 만들었다. 마치 선사에 들어선 느낌이었다. 비서는 두 손으로 공손하게 나를 맞았다. 내민 손에는 명함이 한 장 들려 있었다. 이미 이렇게 왔는데 새삼스레 무슨 명함일까 하는 생각이 들었다. 그러나 이내 명함을 주고받는 일은 일본에서 예절에 속한다는 사실을 떠올리고 곧장 내 명함도 건네줬다. 비서는 친절했고 매우 심각했다. 그는 나를 안내해 황토벽에 검은 나무가 바닥에 깔린 공간으로 데리고 갔다. 우리는 가운데 놓인 탁자를 사이에 두고 딱딱한 의자에 앉았다. 탁자 말고 방 안에는 아무것도 없었으며 벽감에 짙은 녹색의 이케바나◆만 가지런했다. 간접조명에서 흘러나오는 빛은 따스하고 은은했다.

나는 서류 가방을 열어 가져온 물건을 꺼냈다. 비서는 시계들을 미리 준비해 둔 가죽 케이스에 가지런히 담았다. 찻잔이 담긴 상자에는 손끝 한 번 대지 않았다. 나는 작성해 온 수령증을 내밀며 서명을 부탁했다. 비서는 잠깐 양해를 구한다며 미닫이문을 열고 사라졌다.

주변은 완전한 정적 그 자체였다.

마침내 돌아온 비서는 수령증에 서명을 하고 시계 케이스만 들고 다시금 사라졌다. 여전히 찻잔 상자는 굳게 닫힌 그대로였다.

◆ 일본식 꽃꽂이. '화도華道'라고 한다.

키가 작은 타나타는 어딘가 모르게 건조해 보이는 인상이었다. 그는 나에게 서구식으로 인사를 하고는 자신의 일본 가문에 관한 이야기를 한동안 늘어놓았다. 기분이 좋은 듯 껄껄 웃어 댔다.

이러저런 이야기 끝에 타나타는 탁자로 가서 상자를 열고 찻잔을 꺼내 들었다. 찻잔을 손바닥 위에 올려놓고 천천히 돌리며 자세히 살폈다. 이른바 "말차* 다기"라고 하는 찻잔 세트는 나무 쟁반 위에 잔을 놓고 녹차 가루에 뜨거운 물을 부은 다음, 조그만 대나무 차선**으로 저어 주어 거품을 낸다. 쟁반은 검은색이었으며, 무슨 칠을 했는지 유리처럼 반들거렸다. 이런 다기는 대량생산이 되지 않는다고 한다. 오로지 장인의 수작업으로만 만들어지며, 그래서 똑같은 "말차 다기"는 있을 수 없단다. 일본에서 가장 오래된 전통을 자랑하는 도예 학교는 도자기 잔에 "라쿠***"라는 글씨를 새겨 놓았다. 일본에 정통한 내 친구는 이 다기 세트에 옛 일본의 정신이 살아 숨 쉬고 있다고 했다.

타나타는 조심스레 다시 다기를 상자 안에 넣고 말했다. "이 다기는 1581년에 쵸지로라는 이름의 장인이 우리 가문을 위해 만든 것입니다." 쵸지로는 "라쿠 전통"의 창시자이다. 붉은 비단

---

* 　'가루 차' 라는 뜻의 일본어. 일본어 발음은 '맛챠' 이다. 독일도 일본의 다도에 관심이 높다.
** 　거품을 내는 솔 모양의 도구.
*** 　녹로를 쓰지 않고 손으로 흙을 빚어 낮은 온도에서 구워 내는 도자기. '락樂' 의 독일어 발음에서 '라쿠' 라는 표현이 나왔다. 16세기에 옹기장이 쵸지로(일본인이 아닌 것으로 추정됨)가 개발한 도예 기법이라고 한다.

보자기 가운데 놓은 검은 쟁반은 마치 강렬한 눈빛으로 쏘아보는 것만 같은 느낌을 자아냈다. "이 다기 때문에 전쟁까지 일어난 적이 있죠. 물론 아주 오래전 이야기입니다. 전쟁은 거의 5년이나 끌었죠. 이번에는 금방 되찾을 수 있어 기쁩니다." 타나타는 상자의 뚜껑을 닫았다. 딸깍 하는 소리의 여운이 오래 귓가에 남았다.

나는 범인들이 돈도 돌려주겠다고 하더라고 전했다. 타나타는 고개를 저었다. "무슨 돈 말씀이죠?" 그가 정중하게 물었다.

"금고에 있던 돈 말입니다."

"금고에는 돈이 없었는데요."

나는 이게 무슨 소리인지 곧장 알아들을 수가 없었다.

"제 의뢰인은……."

"거기에 돈이 있었다면." 타나타가 내 말을 끊었다. "아무래도 탈세를 한 것이겠죠."

"예?"

"선생께서 그 수령증을 경찰에 제시하면 여러 가지 질문들을 받게 될 겁니다. 하지만, 저는 고발장에 돈을 도난당했다는 이야기는 전혀 하지 않았습니다."

결국 우리는 내가 경찰에게 다기와 시계만 돌려줬다고 말하기로 합의했다. 물론 타나타는 나에게 누가 범인인지 묻지 않았다.

나도 포콜과 바그너에 관한 물음은 삼갔다. 다만 경찰만이 뭔가 알아낼 수 있지 않을까 나에게 집요하게 질문 공세를 퍼부었다. 나는 의뢰인 보호를 위해 법이 보장한 변호사의 비밀 보장 권리를 행사했다.

◆ ◆ ◆

자미르와 외츠칸 그리고 마놀리스는 살아남았다.

자미르는 어느 날 전화를 받고 친구들과 함께 쿠담* 의 한 카페로 나갔다. 패거리를 맞은 신사는 정중하고 예의발랐다. 그는 패거리에게 휴대폰 화면으로 포콜과 바그너의 마지막 순간을 보여주면서, 화질이 떨어지는 것을 사과했다. 그리고 세 명에게 자기 돈으로 케이크를 대접했다. 세 청년은 케이크에 손도 대지 않았다. 다음날 패거리는 12만 유로를 가지고 같은 장소로 나갔다. 당연히 이자를 지불하는 것도 잊지 않았다. 이자로 추가한 돈만 2만 8천 유로였다.** 그 이상은 아무리 쥐어짜도 더 마련할 방법이 없었다. 친절한 신사는 그러면 족하다고 하면서 돈을 챙겨 넣었다.

◆ 백화점, 레스토랑 등이 밀집한 베를린의 번화가 '쿠르퓌르스텐담'을 줄여 부르는 이름.
◆◆ 현재 환율로 1억 8천만 원과 4,200만 원에 해당하는 돈이다.

마놀리스는 이제 조신하게 처신했다. 그는 가족의 레스토랑을 넘겨받아 운영했으며, 결혼을 하고 조용히 살았다. 그의 레스토랑 벽에는 피오르*와 고기잡이배가 등장하는 포스터가 걸려 있다. 이곳에서는 핀란드산 보드카도 맛보는 게 가능하다. 마놀리스의 계획은 가족과 함께 핀란드로 이민을 가는 것이었다.

외츠칸과 자미르는 마약 거래에 몰두했다. 이들은 감당할 수 없는 것이면 다시는 훔치지 않았다.

정보와 함께 빈집 털이를 제안했던 타나타의 청소부는 사건이 있고 2년 뒤 안탈리아**로 여행을 갔다. 사건은 까맣게 잊은 지 오래였다. 여자는 바다에서 수영을 했다. 이날 바다는 아주 잔잔했음에도 여자는 바위에 머리를 박고 익사했다.

나는 베를린 필하모니 연주 홀에서 한 번 더 타나타를 보았다. 그는 내 뒤에서 네 줄 떨어진 곳에 앉아 있었다. 내가 뒤를 돌아보자 그는 친근한 미소로 인사를 했다. 그러나 아무 말도 하지 않았다. 타나타는 그로부터 반 년 뒤 죽었다. 그의 시신을 담은 관은 일본으로 날아갔다. 달렘의 집은 팔렸다. 타나타의 비서 역

◆ 빙하 침식으로 만들어진 골짜기에 빙하가 사라진 뒤 바닷물이 들어와 생긴 좁고 긴 만.
◆◆ 지중해에 면한 터키의 도시.

시 고향으로 돌아갔다.

타나타의 다기 세트는 타나타 재단이 도쿄에 세운 박물관에 소장되어 있다. 핵심 소장품으로.

♦ 후기 ♦

마놀리스가 자미르와 외츠칸과 알게 되었을 때, 그는 이미 마약을 취급한다는 혐의를 받았다. 그러나 혐의를 뒷받침할 증거를 찾지 못한 경찰은 법관의 명령으로 곧 통신 감청을 중지해야만 했다. 하지만, 마놀리스와 자미르가 처음으로 통화한 내용은 녹취되어 있다. 다음은 그 통화 내용이다.

자미르: 너 그리스 사람이지?
마놀리스: 아니, 나 핀란드 사람인데!
자미르: 네 말투는 핀란드 사람 같이 들리지 않는데?
마놀리스: 나 핀란드 출신이야.
자미르: 아냐, 억양이 그리스 쪽인데.
마놀리스: 쳇, 그래서 어쩌라고? 내 엄마와 아빠, 할머니와 할아버지 그리고 가족 모두 그리스 사람이라고 해서 나도 꼭 평생

그리스 사람으로 살아야만 하는 건 아니잖아. 난 그놈의 올리브나무라면 딱 질색이야. 차츠키*는 듣기만 해도 넌더리가 난다고! 그 빌어먹을 춤은 또 어떻고? 똑똑히 말해 두지만 난 핀란드 사람이야! 내 안의 모든 건 핀란드라고! 내 내면은 온통 핀란드로 꽉 차 있어, 알아?

외츠칸(자미르에게): 그런데 저 친구 생긴 건 꼭 그리스라니까.

자미르(외츠칸에게): 아, 저렇게 핀란드 사람이고 싶다는 데 그렇게 하라고 해.

외츠칸(자미르에게): 야, 저치는 스웨덴 분위기도 안 난다니까. (외츠칸은 학교에서 스웨덴 친구는 본 일이 있었다.)

자미르: 너는 왜 한사코 핀란드 사람이고 싶은 거야?

마놀리스: 그리스 사람들 때문이지.

자미르: ······.

외츠칸: ······.

마놀리스: 그리스는 벌써 수백 년 전부터 그래 왔어. 생각해 봐, 배가 침몰하고 있다고!

외츠칸: 어째서?

마놀리스: 배에 구멍이 났으니까. 아니면, 선장이 걸레처럼 취했거나.

◆ 요구르트와 오이와 올리브유와 마늘을 섞어 만드는 그리스의 대표적인 음식.

외츠칸: 왜 배에 구멍이 났지?

마놀리스: 아, 씨팔, 그건 하나의 예일 뿐이야.

외츠칸: 흠.

마놀리스: 모두 물에 빠졌어. 한 사람도 빠짐없이, 알간? 딱 한 사람의 그리스인만 살아남았지. 그는 헤엄을 치고, 치고 또 쳐서 마침내 해안에 도달했어. 짠물을 잔뜩 토해 냈지. 입이고 코고 귀고 몸의 구멍이란 구멍에서는 짠물이 흘러나왔어. 심지어 땀구멍에서조차! 하나도 남김없이 게워 낸 다음 반쯤 죽어 잠이 들었지. 유일하게 살아남은 거야. 다른 사람들은 전부 죽었어. 그는 해변에 널브러진 채 깊은 잠에 빠졌지. 마침내 깨어났을 때 혼자만 살아남았다는 걸 깨달았어. 그래서 자리에서 일어나 길을 가다가 처음 마주친 사람을 때려 죽였지. 그냥 그런 식이었어. 행인이 죽어야만 비로소 모든 게 원래 상태로 돌아가거든.

자미르: ?

외츠칸: ?

마놀리스: 알겠어? 그는 다른 사람을 때려 죽어야 해. 그래야 물에 빠져죽는 자리에 없었던 사람도 죽는 거니까. 그를 위해 다른 사람이 죽는 거니까. 이런 걸 두고 1 마이너스, 1 플러스라고 하는 거야, 알아들어?

자미르: 아니.

외츠칸: 어디에 구멍이 난 건데?

자미르: 우리 언제 만날까?

story 3
첼로

─── 타클러는 밝은 푸른색의 스모킹* 안에 분홍빛의 셔츠를 받쳐 입었다. 두 겹으로 접힌 그의 목살이 나비넥타이로 조인 셔츠 칼라 위로 삐져나왔으며, 불룩한 배로 재킷은 팽팽했다. 가슴 부근에 주름이 접히는 것은 피할 수 없는 노릇이다. 그는 딸 테레사와 네 번째 아내 사이에 서 있었다. 딸과 아내의 키가 그보다 훨씬 컸다. 검은 털이 숭숭 돋은 타클러의 왼손 손가락이 딸의 허리춤을 끌어안고 있었다. 마치 검은 짐승이 새끼를 지키려고 웅크리고 있는 모양새였다.

돈을 아주 많이 들인 파티였다. 그러나 타클러는 그만 한 보람이 있다고 생각했다. 총리, 금융가, 재계의 실력자 등 영향력깨나 있는 남자들이 미인을 거느리고 모두 왔기 때문이다. 특히 유명한 음악 평론가가 와 준 게 고마웠다. 이보다 더한 것은 바라지도 않았다. 오늘은 테레사를 위한 파티였다.

◆ 영국이나 프랑스에서 턱시도를 달리 부르는 말. 고급 도박장에서 상류층 인사들이 휴게실에서 담배를 피울 때 입었던 실내복에서 유래했다.

당시 테레사는 갓 스무 살이었다. 완벽한 대칭형의 얼굴에 군살 하나 없는 날씬함이 더할 수 없이 아름다운 고전적인 미녀였다. 테레사는 차분하고 침착했다. 다만 목 위로 불거진 가녀린 핏줄이 흥분한 그녀의 심장박동을 보여 줄 뿐이었다.

아버지의 짤막한 인사말이 끝나자 테레사는 붉은색으로 장식한 무대 위에 올라 첼로의 현을 조율했다. 남동생 레온하르트는 그녀 옆의 걸상에 앉아 있었다. 악보를 넘겨 주는 역할을 맡은 것이다. 남매 사이의 대비는 이보다 더 분명할 수 없었다. 레온하르트는 테레사에 비해 머리 하나는 더 작았다. 그는 아버지의 용모와 몸집은 물려받았지만, 잔혹하리만치 강인함과는 거리가 멀었다. 레온하르트의 붉게 상기된 이마에서는 땀이 계속 흘러내렸으며, 셔츠 칼라를 칙칙하게 물들였다. 청중을 향해 애써 미소를 짓기는 했지만, 잔뜩 긴장한 모습은 애처로울 정도로 유약해 보였다.

손님들은 작은 의자에 앉아 연주가 시작되기를 기다렸다. 차츰 조용해지면서 실내 조명이 어두워지고 무대만 환하게 밝혔다. 당시 정원에 있던 나는 연주 홀로 가는 게 좋을지 잠깐 망설였다. 그 사이 연주는 이미 시작되었다. 테레사는 바흐의 첼로 소나타 여섯 곡 가운데 첫 세 곡을 연주했다. 불과 몇 박자 만에 나는 테레사를 결코 잊을 수 없으리라는 것을 명확히 깨달았다. 보불전쟁*이 끝난 다음 무수한 회사가 창설되던 버블 시기에 지어진 웅장한 빌라에서 첼로 선율이 흘러나왔다. 빌라의 대형 홀에서 우람한 가문비나무 문을 넘어 조명이 켜진 안온한 여름날의 정원으로 흐르는 첼로 선율에 나는 완벽한 행복이라는 아주 드문 순간을 맛보았다. 이런 행복감은 음악만이 우리에게 선사할 수 있는 것이다.

◆ ◆ ◆

타클러는 아버지의 가업을 이어받은 2대 건축업자였다. 그의 아버지처럼 타클러도 사업의 추진력이 대단했다. 프랑크푸르트에서 부동산으로 막대한 부를 쌓을 만큼 영리하기도 했다. 아버지는 평생 바지 오른쪽 호주머니에는 권총을, 왼쪽에는 돈다발을 넣고 다녔지만, 타클러는 권총까지는 필요하지 않았다.

3년 뒤 레온하르트가 태어나고 나서 아이 엄마는 남편이 새로 지은 빌딩을 구경했다. 틀부터 세운 골조 건물의 18층에서 상량식이 열렸다. 사람이 떨어지지 않도록 안전판을 세워 두는 데에는 아무도 신경을 쓰지 않았다. 일부러 잊어버리기라도 한 것일

◆ 프로이센의 주도로 독일을 통일하려는 비스마르크의 정책에 위협을 느낀 프랑스의 나폴레옹 3세가 일으킨 전쟁. 그 결과, 프랑스는 패배하고 독일제국이 성립되었다. 전후 재건을 위해 엄청난 투자가 이루어졌고 사업가들은 무리를 해서라도 경쟁적으로 규모를 키웠다. 당시 건축도 이런 분위기를 반영해 화려하고 규모가 컸다.

까. 타클러가 마지막으로 본 아내의 것은 장갑과 샴페인 글라스였다. 여자는 장갑과 잔을 파티용으로 쓰는, 다리가 긴 탁자 위에 덩그러니 남겨 놓았다.

이후 아이들은 무수한 엄마를 겪어야만 했다. 누구도 3년 이상 머무르지 않았다. 타클러는 아주 부유하게 살았다. 운전기사를 두었으며, 요리사 한 명과 청소부 여러 명 그리고 정원사 두 명을 고용했다. 타클러는 아이들의 교육을 신경 쓸 겨를이 없었다. 이 가정에서 변함없이 꾸준히 남아 있는 사람은 나이 많은 간호사 한 명뿐이었다. 이미 타클러를 키운 바 있는 간호사에게서는 늘 라벤더 냄새가 났다. 사람들은 그녀를 에타라고 불렀다. 그녀가 주로 관심을 갖는 것은 정원 연못에 유유히 떠다니는 오리들이었다. 타클러 집의 맨 위층에 자리한 방 두 개짜리 공간은 에타의 몫이었다. 그녀는 그곳 벽에 박제한 오리 다섯 마리를 걸어 놓았다. 외출할 때마다 꼭 챙기는 갈색 펠트 모자에는 두 개의 푸른 오리 깃털이 늠름함을 자랑했다. 아이들을 특별히 좋아하지는 않는 에타였다.

워낙 이 집에 오래 살아서 에타는 한 가족이나 다름없었다. 타클러는 아이들의 재롱을 보는 것을 시간 낭비라고 여겼다. 자신의 어린 시절도 기억하지 못하는 그였다. 타클러는 에타를 믿었다. 무엇보다도 아이들 교육에서 중요한 것이 무엇인지에 대해

배짱이 맞았기 때문이다. 타클러는 언제나 아이들은 반듯하고 "그늘"이 없이 커야 한다고 말했다. 엄하게 다뤄야만 하는 경우도 많았다.

테레사와 레온하르트는 용돈을 스스로 벌어서 써야만 했다. 여름이면 정원의 민들레를 뽑았다. 잡초 두 포기에 1페니히를 받았다. "뿌리가 붙어 있어야만 해. 안 그러면 돈은 한 푼도 줄 수 없어." 에타는 이렇게 딱딱거렸다. 그녀는 동전을 헤아리듯 꼼꼼하게 풀포기를 세었다. 겨울이면 아이들은 눈을 치워야 했다. 에타는 미터 단위로 계산을 했다.

아홉 살이 된 레온하르트는 정원의 전나무 위에 올라가 숨은 다음, 누군가 자신을 찾아 주기만 기다렸다. 처음에는 에타가, 나중에는 아빠가 걱정을 할 거라고 기대했다. 갑자기 사라진 자신을 애타게 찾아 주기를 바랐다. 그러나 걱정을 하는 사람은 아무도 없었다. 에타가 저녁 먹으러 오라고 소리쳤다. 지금 오지 않으면 국물도 없으며, 엉덩이를 맞을 거라고 소리를 질렀다. 레온하르트는 포기했다. 소년의 옷은 나무에서 흘러나온 끈끈한 액체로 얼룩졌다. 눈에서 불이 번쩍하도록 뺨을 세차게 얻어맞았다.

성탄절이면 타클러는 선물로 아이들에게 비누와 스웨터를 주곤 했다. 딱 한 번 타클러와 함께 큰돈을 벌었던 동업자가 레온하르트에게는 장난감 총을, 테레사에게는 인형 주방 세트를 보내 준 적이 있다. 에타는 장난감을 지하실에 감추었다. "그런 건 아무 짝에도 쓸모가 없어." 에타는 아이들을 보고 눈을 부라렸다. 타클러는 그냥 건성으로 고개만 끄덕였다.

에타는 남매가 식탁 예절을 갖출 줄 알게 되자 이제 다 가르쳤다고 생각했다. 아이들은 묻는 말에만 표준어로 또박또박 대답했으며, 평소에는 입도 뻥긋하지 않았다. 에타는 타클러에게 아이들을 잘못 가르친 것 같다고 말했다. 너무 유약해서 할아버지나 아버지의 강인함을 기대할 수 없다고 했다. 타클러는 이 말을 머릿속에 또렷이 새겼다.

에타는 치매에 걸렸다. 날로 행동거지가 이상해졌으며, 예전보다 한결 부드러워졌다. 그녀는 박제 오리를 고향 박물관에 기증했다. 박물관은 그 기증품이 전시할 만한 가치가 없다고 보고 폐기 처분을 했다. 에타의 장례식에는 타클러와 두 아이만 참석했다. 돌아오는 길에 타클러는 불쑥 이렇게 말했다. "자, 이걸로 이번 일도 깨끗이 해결했군."

레온하르트는 방학이면 타클러를 위해 아르바이트를 했다. 친구들과 여행을 가고 싶은 마음은 굴뚝같았지만, 돈이 없었다. 타클러는 여행이라니 무슨 헛소리냐고 눈을 부라렸다. 아버지는 아들을 공사장으로 데리고 가 십장 일을 맡겼다. "어디 한번 제대로 붙어봐!" 나이 어린 십장은 자신이 할 수 있는 최선을 다했다. 둘째 날 저녁 레온하르트가 지쳐 쓰러지자 타클러는 소리부터 질렀다. "이런 약골 자식! 괜찮아 곧 익숙해질 거야." 자기는 레온하르트 나이 때 아버지와 함께 공사장에서 숱한 날을 잤다고 했다. 막일꾼처럼 철근 덩어리를 나르다 무릎이 깨진 게 한두 번이 아니라고 했다. 혹 자신의 처지는 좀 나은 게 아닌가 하는 생각은 꿈에도 하지 말라고 레온하르트를 윽박질렀다.

테레사 역시 방학이면 아버지의 회사에 나가 장부 정리를 도와야 했다. 레온하르트와 마찬가지로 평균 임금의 30퍼센트만 받았다. "너희는 지금 여기에 놀러 나온 게 아니야. 제대로 일을 해야만 돈을 줄 거야. 그리고 너희에게 주는 돈은 임금이 아니라 선물이라는 걸 명심해." 타클러는 기회만 있으면 똑같은 소리를 되뇌었다. 영화관에 가고 싶다고 하면 타클러는 아이들에게 10유로를 주었다. 버스비를 내고 나면 한 사람 몫의 표도 간신히 살 수 있는 금액이었다. 그러나 아이들은 돈을 더 달라는 말을 감히 하지 못했다. 타클러의 운전기사가 몰래 아이들을 태워다 주는 일이 잦았다. 기사는 돈도 몇 푼 쥐어 주었다. 자신도 아이를 키우는 아버지로서 사장이 하는 행동을 도무지 좋게 봐줄 수가 없었다.

친척이라고는 회사에 정식 직원으로 있는 타클러의 여동생, 그러니까 아이들의 고모가 유일했다. 하지만 고모는 아이들이 자신에게 털어놓는 고민을 오빠에게 일일이 일러바쳤다. 아이들은 처음에는 아버지를 무서워했으나, 차츰 미움의 싹이 움텄다. 결국 아버지와 남매 사이에는 높다란 벽 같은 게 생기고 말았다. 서로 대화를 나누는 일은 거의 없었다.

타클러는 레온하르트를 무시하지는 않았지만, 그의 유약함은 드러내 놓고 싫어했다. 아들이 좀 더 강해져야 한다고 생각했다. "담금질"이라는 말을 자주 입에 올렸다. 열다섯 살이 된 레온하르트는 그의 방에 발레 공연 포스터를 걸어 놓았다. 학교에서 단체로 관람했던 공연이었다. 타클러는 포스터를 보자마자 찢어 버리고, 동성애자가 되고 싶냐며 아들의 얼굴에 대고 침을 튀겼다. "넌 너무 뚱뚱해 인마! 그래 가지고 여자 친구나 생기겠어?" 타클러는 레온하르트에게 소리를 질렀다.

테레사는 프랑크푸르트에서 첼로 레슨을 받는 일에만 몰두했다. 타클러는 딸이 무슨 생각을 하는지 도무지 알 수가 없다고 툴툴거렸다. 딸은 아들과 달리 어렵게만 느껴졌던 것이다. 그래서 딸에게는 아무 소리도 하지 않았다. 딱 한 번 기묘한 접촉이 있었다. 무더운 여름이었고, 테레사가 열여섯 번째 생일을 맞은 직후였다. 그날은 하늘에 구름 한 점 없었다. 테레사는 어려서 그랬듯 아무것도 입지 않고 집의 수영장에서 헤엄을 즐겼다. 물에서 나오던 테레사는 타클러가 수영장 가장자리에 우두커니 서 있는 것을 보고 깜짝 놀랐다. 타클러는 술에 취해 있었다. 그는 딸을 마치 처음 보는 사람 보듯 뜯어보았다. 수건을 들고 딸의 몸을 닦아 주던 타클러는 젖가슴을 건드렸다. 그의 입에서 위스키 냄새가 독하게 풍겼다. 딸은 얼른 집 안으로 달려 들어갔다. 다시는 수영장을 찾지 않았다.

아주 드물게 함께하는 저녁 식사였다. 아버지는 시계와 자동차와 음식 따위의 자신이 즐겨 하는 이야기만 떠벌였다. 테레사와 레온하르트는 어떤 자동차, 무슨 시계이든 그 가격을 줄줄 외울 정도였다. 꼭 암산 놀이를 하는 것만 같았다. 아버지는 틈만 났다 하면 통장을 보여 주고, 주식과 회계 결산 보고서를 들먹였다. "이게 다 너희 게 될 거야!" 의기양양하게 남매의 얼굴을 바라보는 아버지의 말에 테레사는 동생의 귀에 대고 속삭였다. '저건 영화에 나오는 대사야!' 타클러는 더욱 큰소리로 말했다. "내면? 그런 건 다 헛소리야!" 좋은 심성 따위가 가져다주는 게 뭐가 있냐며 건설 회사 사장은 눈을 희번덕거렸다.

아이들의 자의식은 분명했다. 테레사는 음악 학교에 등록을 끝내자 남동생과 함께 아버지를 떠나기로 결심했다. 저녁 식사 때 이야기를 하려고 연습까지 했다. 아버지가 어떤 반응을 보일지 생각하며 경우에 따른 답을 준비해 두었다. 말을 꺼내려 하자 타클러는 오늘 시간이 없다며 사라졌다. 3주를 더 기다려야만 했다. 테레사가 말을 꺼냈다. 남매는 적어도 타클러가 그들을 때리지는 않을 거라고 믿었다. 테레사는 동생과 함께 바트 홈부르크◆를 떠나겠다고 말했다. "바트 홈부르크를 떠나겠어요." 아버지 곁을 떠나겠다고 직접 이야기하는 것보다는 훨씬 낫다고 테레사는 생각했다. 레온하르트를 데리고 가겠다고 말했다. 어떻게든 살아갈 자신이 있다고 했다.

타클러는 무슨 말인지 도무지 알아들을 수가 없어 아무 말도 않고 식사만 계속했다. 그가 테레사에게 빵을 더 달라고 하자, 레온하르트가 소리를 질렀다. "우리 좀 그만 괴롭혀, 제발 좀 그만하란 말이야!" 테레사는 훨씬 차분하게 말했다. "절대 아버지처럼 살지 않을 거야." 타클러는 접시에 나이프를 떨어뜨렸다. 쨍그랑 하며 커다란 소리가 났다. 타클러는 말없이 자리에서 일어나 승용차를 타고 여자 친구에게로 갔다. 새벽 3시가 되어서야 돌아왔다.

이날 새벽 타클러는 홀로 서재에 앉아 있었다. 서재 벽에 설치된 텔레비전 화면에는 그가 직접 촬영한 비디오가 재생되고 있었다. 소리는 나지 않는다. 비디오는 슈퍼 8밀리미터 카메라로 찍은

◆ 프랑크푸르트암마인과 직접 맞닿은 소도시. 부자들의 휴양지로, 온천이 있어 '바트Bad (독일어 온천이라는 뜻)'라는 이름이 붙었다.

것을 화면으로 전환한 것이었다. 영상은 조명이 너무 밝았다.

첫 번째 아내가 두 아이를 품에 안고 있다. 테레사는 세 살, 레온하르트는 두 살 때이다. 아내가 무어라 말하는데 소리가 나지 않아 입술만 움직인다. 아내는 테레사를 놓아 주며 먼 곳을 가리켰다. 카메라가 그녀의 손끝을 따라간다. 흐릿한 배경에 성곽의 폐허가 보인다. 다시 카메라는 레온하르트를 비춘다. 녀석은 엄마의 다리 뒤에 숨어 울고 있다. 근접촬영을 하는 통에 바위와 풀밭이 흔들린다. 카메라를 돌아가는 그대로 아내에게 넘긴다. 다시 위로 올라간 카메라는 청바지에 단추를 풀어헤친 셔츠를 입은 타클러를 보여 준다. 가슴에 털이 수북하다. 타클러는 입을 크게 벌리고 웃는다. 물론 소리는 들리지 않는다. 그는 테레사를 번쩍 들어 태양을 등지게 하고 뽀뽀를 한다. 카메라를 향해 손짓한다. 화면이 더욱 밝아지면서 끝난다.

이날 밤 타클러는 테레사를 위해 작별 연주회를 열어 주기로 결심했다. 친분이 있는 고위층 인사들을 많이 알고 있으니 딸을 "저 꼭대기"로 데려다 주는 것은 일도 아니었는데 하며 타클러는 한숨을 쉬었다. 그는 나쁜 인간은 되고 싶지 않았다. 남매에게 각각 25만 유로◆의 수표를 끊어 아침 식사 식탁 위에 놓았다. 그

◆ 현재 환율로 약 3억 7,500만 원.

거면 충분하리라고 생각했다.

◆ ◆ ◆

콘서트가 있은 다음날 전국 규모의 일간지에는 거의 열광에 가까운 찬사를 담은 기사가 실렸다. 유명한 음악 평론가는 테레사에게서 첼리스트로서의 찬란한 미래가 보인다고 썼다.

테레사는 음악 학교에 입학 수속을 밟지 않았다. 자신의 재능이 워낙 뛰어나 구태여 학교를 다닐 필요가 없다고 여겼다. 그녀는 다른 계획을 세웠다. 이후 거의 3년 동안 남매는 유럽과 미국 등을 떠돌았다. 몇 차례 자비를 들여 콘서트를 열었으며, 평소에는 오로지 남동생만을 위해 연주했다. 타클러의 돈은 적어도 얼마 동안은 남매를 자유롭게 만들었다. 남매는 서로 떨어질 줄을 몰랐다. 남들이 뭐라고 수군거리든 개의치 않았다. 이 시절 둘은 떨어져 지내는 날이 단 하루도 없었다. 말 그대로 자유를 만끽하는 것처럼 보였다.

◆ ◆ ◆

바트 홈부르크에서 연주회가 있은 지 정확히 2년이 되던 날, 나는 피렌체 가까운 곳에서 열린 축제에서 남매를 만났다. 축제는 포도나무 동산 한복판의 올리브나무와 사이프러스나무로 둘러싸인 11세기 성곽 폐허 '카스텔로 디 토르나노'에서 열렸다. 주최측은 지붕을 열어젖힌 1960년대식 컨버터블을 타고 나타난 남매를 "쥬네스 도레"[◆] 라 불렀다. 테레사는 주인의 볼에 입을 맞추었으며, 레온^{◆◆}은 그 괴상한 "보르살리노^{◆◆◆} 밀짚모자"를 우아함을 과장하는 포즈에 익살스런 표정을 지으며 벗었다.

나중에 저녁 늦게 테레사와 마주한 나는 아버지 집에서 들었던 첼로 소나타처럼 나를 사로잡았던 음악은 없다고 말했다. 테레사는 배시시 웃었다. "그건 바흐의 1번 소나타 전주곡이에요. 사람들이 가장 중요하며 어렵다고 하는 6번이 아니에요. 하지만, 1번이 최고랍니다." 테레사는 샴페인을 한 모금 마셨다. 그리고는 허리를 숙여 내 귀에 대고 속삭였다. "아셨죠, 그건 1번의 전주곡이에요. 이 곡은 단지 3분에 인생 전체를 압축해 넣은 것이죠." 말을 끝내고 테레사는 활짝 웃었다.

◆ ◆ ◆

◆ 직역하면 "황금 귀공자"라는 말이다. 대도시의 부유하게 살면서 향락을 좇는 젊은이를 이르는 것으로 프랑스 혁명에서 반동적인 역할을 했던 부르주아 청년들을 가리킨 표현이다.
◆◆ 레온하르트의 애칭.
◆◆◆ 이탈리아의 유명한 모자 디자이너. 중절모 "페도라"로 일약 명성을 얻었다.

이듬해 여름의 끝을 남매는 시칠리아에서 보냈다. 원자재를 취급하는 거부가 여름을 지내려고 빌려 둔 별장을 며칠 동안 남매에게 돈 한 푼 받지 않고 제공한 것이다. 그 부자는 테레사에게 사랑을 느꼈던 것이다.

레온하르트는 미열과 함께 잠에서 깼다. 처음에는 지난밤에 마신 술 때문인가 했다. 그는 아프고 싶지 않았다. 이 햇빛 찬란한 날에 아플 생각은 털끝만큼도 없었다. 이처럼 행복한 나날, 아프다는 것은 말도 안 된다고 생각했다. 그러나 대장균은 그의 몸을 빠른 속도로 퍼져 나갔다. 이틀 전 주유소에서 사 마신 생수에 들어 있던 대장균이었다.

차고에서 낡은 베스파◆ 한 대를 발견한 남매는 그것을 타고 바다로 달렸다. 아스팔트 한가운데에 사과 한 알이 한낮의 햇빛을 받아 반짝였다. 아주 동그란 이 사과는 과일 트럭이 떨어뜨린 것이었다. 테레사가 뭔가 외치자 무슨 말인지 잘 알아들을 수 없던 레온은 고개를 돌렸다. 이때 앞바퀴가 사과에 걸리며 미끄러졌다. 레온은 베스파를 제어할 수가 없었다. 테레사는 운이 좋았다. 어깨가 부딪치기는 했지만, 몇 군데 찰과상을 입는 데 그쳤다. 레온의 머리는 뒷바퀴와 돌 사이에 끼어 깨지는 바람에 피를 강물처럼 흘렸다.

◆ 이탈리아 피아조에서 생산하는 스쿠터. 유럽 사람들이 즐겨 탄다.

병원에서의 첫날 밤 레온의 상태는 심각할 지경이었다. 그의 피를 검사할 생각은 누구도 하지 않았다. 다른 할 일이 너무 많았던 것이다. 테레사는 아버지에게 전화를 걸었다. 타클러는 곧장 회사의 리어제트◆에 프랑크푸르트 의사를 한 명 태워 보냈다. 그러나 때는 이미 늦었다. 레온의 몸은 신장에서 나온 독소가 이미 혈관으로 퍼지고 난 다음이었다. 테레사는 수술실 앞 복도에 앉아 하염없이 기다렸다. 의사는 그녀와 이야기하는 동안 잡은 손을 놓지 않았다. 에어컨 소리는 시끄러웠으며, 테레사가 몇 시간째 노려보고 있던 수술실의 문에 달린 전광판은 먼지가 자욱하게 낀 것처럼 흐릿하게 보였다. 의사는 몸의 여러 장기들이 동시에 기능을 잃는 요로성패혈증이라고 말했다. 정상 수치를 훌쩍 넘긴 박테리아가 오줌과 함께 레온의 몸을 점령했다는 거였다. 생존 확률은 20퍼센트를 넘기기가 힘들다고 했다. 의사는 계속 설명을 했지만, 그의 말은 들을수록 아리송하기만 했다. 테레사는 거의 40시간째 잠을 자지 못하고 있었다. 의사가 다시 수술실로 들어가자, 테레사는 눈을 감았다. 의사는 "위독하다"라는 표현을 썼었다. 테레사의 눈에 "위독"이라는 검은 글씨가 크게 떠올랐다. "아냐!" 테레사가 외쳤다. 그런 말이 동생과 무슨 상관이 있다는 것인지 상상조차 할 수 없었다. 그냥 "아냐!" 하는 말

◆ 사업가를 위한 제트기를 전문적으로 생산하는 '봄바르디어'의 제트기 모델.

만 되풀이했다. 달리 할 말도 없었다.

　병원으로 실려 온 지 엿새째가 되자 레온의 상태는 조금 안정이 됐다. 베를린으로 가는 비행기를 탈 수 있을 정도였다. 샤리테◆에 도착했을 때 레온의 몸은 피부가 검게 물드는 괴사의 흔적이 역력했다. 세포가 죽어가고 있다는 증거였다. 의사들은 레온에게 모두 14번에 걸친 수술을 했다. 왼손의 엄지와 중지 그리고 검지가 잘려나갔다. 왼발 발가락들은 뼈만 남을 정도로 말라 버렸으며, 오른발 앞부분과 뒤꿈치의 일부도 마찬가지였다. 한마디로 뼈만 앙상한 송장이나 다름없었다. 조금만 건드려도 부러질 것만 같았고, 뼈와 연골은 튀어나올 것처럼 피부를 짓눌렀다. 레온은 의식을 잃은 채 병원의 인공장기들로 연명했다. 목숨만 간신히 건진 것이다. 더욱이 뇌가 입은 부상이 어떤 결과를 낳을지는 예측도 할 수 없는 지경이었다.

　해마는 그리스 전설에서 포세이돈의 마차를 끄는 동물로 반은 말, 나머지 반은 벌레의 모습을 하고 있다. 뇌의 측두부 밑에서 내측벽에 걸쳐 돌출해 있는 부위를 우리는 해마라고 부른다. 해마에서 단기간의 기억은 장기 기억으로 바뀐다. 레온의 해마는

◆ 베를린의 종합병원. 1710년에 페스트를 대비하려고 설립된 병원으로, 유럽에서 가장 규모가 큰 병원 가운데 하나이다. '샤리테'라는 말은 '자비'를 뜻한다.

심각한 손상을 입었다. 9주 뒤 의식불명 상태에서 깨어났을 때, 레온은 테레사를 보고 누구냐고 물었다. 그런 다음 자신은 누구인지 알고 싶어 했다. 기억을 완전히 잃었으며 그 어떤 것도 3분 내지 4분이 지나면 까맣게 잊어버렸다. 셀 수 없을 정도로 많은 실험을 해 본 의사들은 기억상실증이 확실하다는 결론을 내렸다. 선행성 건망증과 역행성 건망증에 모두 해당한다고 했다.◆ 레온은 의사가 무슨 말을 하는지는 알아듣는 것 같았으나, 3분하고도 40초가 지나면 하나도 기억하지 못했다. 자신이 깜빡깜빡 잊는다는 것조차 잊어버렸다.

자신을 간호해 주는 누나를 레온은 그저 예쁜 여자로 볼 뿐이었다.

◆ ◆ ◆

두 달 뒤 남매는 베를린의 아버지 소유 집으로 들어갔다. 매일 간호사가 와서 세 시간씩 살폈으며, 그 외에는 테레사가 모든 걸 돌보았다. 처음에는 친구들을 불러 저녁을 함께하기도 했지만, 그마저도 이내 그만두었다. 친구들이 레온을 바라보는 시선을 참을 수가 없었기 때문이다. 타클러는 매달 한 번씩 남매를 방문했다.

◆ 선행성은 기억상실을 일으킨 사건 뒤에 일어난 일들을 기억하지 못하고, 역행성은 과거의 일들을 떠올리지 못한다.

쓸쓸하고 고독한 나날이었다. 테레사는 점차 초췌해졌다. 머리는 부석부석하게 말라 버렸으며, 피부는 흙빛에 가까워졌다. 어느 날 저녁 테레사는 가방에서 첼로를 꺼냈다. 벌써 몇 달째 손도 대지 않았던 것이다. 어둑한 방 안에 앉아 그녀는 첼로를 연주했다. 레온은 침대에 누워 졸았다. 갑자기 이불을 들춘 레온은 성기를 꺼내 자위를 하기 시작했다. 테레사는 연주를 멈추고 창쪽으로 돌아앉았다. 레온은 간절한 목소리로 가까이 와 달라고 애원을 했다. 테레사는 동생의 얼굴을 물끄러미 내려다보았다. 자리에서 일어서며 레온은 그녀에게 키스를 하려고 들었다. 테레사는 안 된다고 고개를 저었다. 레온은 다시 쓰러지면서 그럼 적어도 블라우스 단추 좀 풀어헤칠 수 없냐고 물었다. 하얀 침대 시트 위에 아무렇게나 뻗은 오른발은 흉터로 얼룩진 게 마치 정육점에 걸린 고깃덩어리 같았다. 테레사는 레온에게 다가가 그의 뺨을 쓰다듬어 주었다. 그런 다음 천천히 옷을 벗고 완전히 알몸이 되어 의자에 앉아 눈을 감고 첼로를 연주했다. 동생이 잠이 들 때까지 기다렸다가 자리에서 일어나 수건으로 그의 배 위에 뿌려진 정액을 닦았다. 이불을 덮어 주고 레온의 이마에 입을 맞추었다.

욕실로 간 테레사는 속에 있는 것을 남김없이 게워 냈다.

의사들은 레온하르트가 기억을 되찾을 희망은 갖지 않는 게 좋다고 몇 번이고 확인했지만, 첼로의 선율은 그에게 뭔가 변화를 불러일으키는 게 분명했다. 첼로를 연주하는 동안 테레사는 동생이 옛날 일을 기억한다는 인상을 받았다. 물론 그게 뭔지 딱 부러지게 설명하기는 어려웠지만 말이다. 이를테면 우직하기만 했던 동생의 순수함이 희미하게 모습을 드러내는 게 테레사는 너무 좋았다. 그리고 그게 너무나도 그리웠다. 레온은 종종 다음 날에도 첼로 선율을 기억하곤 했다. 첼로와 누나와 자신 사이에 무슨 연관이 있는지 설명할 수는 없었지만, 그래도 첼로 이야기는 했다. 무언가 그의 기억 속에 남아 있는 모양이었다. 이제 테레사는 매일 저녁 동생을 위해 연주했다. 그때마다 거의 빠짐없이 레온은 자위를 했다. 레온이 잠들고 나면 테레사는 욕실로 달려가 쭈그리고 앉아 울었다.

  마지막 수술을 하고 6개월이 지나자 레온의 흉터는 견디기 힘든 통증을 일으키기 시작했다. 의사들은 몸의 몇몇 부위를 더 잘라내는 것을 피할 수 없다고 말했다. 컴퓨터 단층촬영 결과가 나오자 의사들은 레온이 말을 하는 능력도 잃게 될 것이라고 진단했다. 테레사는 그런 상황을 도저히 감당할 수 없을 것 같았다.

◆ ◆ ◆

 11월 26일, 춥고 흐린 전형적인 늦가을 날씨다. 날은 일찌감치 어두워졌다. 테레사는 식탁에 초를 세우고 휠체어에 앉은 레온 하르트를 그의 자리에 밀어다 주었다. 생선 스프 재료는 카데베◆에서 산 것이다. 평소 레온이 무척 좋아하는 것이다. 스프와 완두콩 요리, 사슴고기 스테이크 그리고 후식으로 준비한 초콜릿과 와인에는 모두 '루미날'이라는 진정제를 섞었다. 통증에 시달리는 레온 때문에 아무 문제없이 장만할 수 있는 약이다. 그가 토하지 않도록 양을 잘 조절했다. 테레사는 아무것도 먹지 않고 기다렸다.

 레온은 잠이 들었다. 테레사는 그를 욕실로 데리고 가 욕조에 물을 받았다. 그의 옷을 벗겼다. 축 늘어진 레온은 욕조의 손잡이도 잡을 힘이 없었다. 그런 다음 테레사는 자신도 옷을 벗었다. 동생을 물속에 눕힌 다음, 자신도 따뜻한 물로 들어갔다. 이제 레온은 테레사 앞에 앉아 있다. 머리를 누나의 젖가슴에 기댄 채로. 고르고 차분한 숨소리가 들린다. 어렸을 때 남매는 늘 이런 식으로 목욕을 했다. 심술궂은 에타 아줌마는 물을 아껴야 한다고 다짐을 하곤 했다. 테레사는 레온을 꼭 끌어안고 머리를 그

◆ 베를린의 최고급 백화점. '카우프하우스 데스 베스텐스Kaufhaus des Westens'(서베를린 백화점)의 약자이다.

의 어깨에 기댔다. 그가 잠이 들자 테레사는 목덜미에 입을 맞췄다. 그리고 천천히 물속에 눕혔다. 레온은 깊게 숨을 들이마셨다. 죽지 않으려 발버둥치지는 않았다. 루미날이 신경을 잠재운 탓이리라. 허파가 물로 차오르면서 그는 익사했다. 머리는 테레사의 다리 사이에 놓여 있었다. 레온은 눈을 감고 있었으며, 그의 긴 머리카락이 수면 위로 떠올라 흐느적거렸다. 두 시간 뒤 테레사는 차가운 욕조에서 빠져나왔다. 수건으로 동생을 덮어 준 다음, 나에게 전화를 걸었다.

테레사는 그동안 있었던 일을 숨김없이 털어놓았다. 단순한 자백이 아니라, 거의 일곱 시간 동안 두 명의 수사관 앞에 앉아 그녀의 인생을 불러 줬다. 어린 시절로 시작한 이야기는 동생의 죽음으로 끝을 맺었다. 울지 않았다. 쓰러지지도 않았다. 촛대처럼 꼿꼿이 앉아 침착하고 차분하게 이야기를 했다. 중간에 질문을 던질 필요는 없었다. 서기가 그녀의 진술을 프린트하는 동안 우리는 옆방에서 담배를 피웠다. 테레사는 다시는 같은 이야기를 하지 않겠다고 했다. 모두 얘기했다고 말했다. "더 말할 게 없어요."

살인 혐의로 체포 영장이 발부되었다. 나는 거의 매일 그녀에게 면회를 갔다. 테레사는 책을 보내 달라고 했으며, 산책 시간에도 감방에만 머물렀다. 독서가 그녀의 유일한 진정제였다. 만나서도 동생 이야기는 절대 입 밖에 꺼내지 않았다. 곧 열릴 재판에도 전혀 관심을 갖지 않았다. 그녀는 감방에서 읽으며 골라낸 구절들을 나에게 낭독해 줬다. 감옥에서 열리는 조촐한 독회였다. 그녀의 따뜻한 목소리가 좋았다. 하지만, 당시 나는 조금도 이해하지 못했다. 그게 그녀의 유일한 자기표현이라는 사실을!

12월 24일 나는 면회 시간 끝까지 그녀와 함께 있었다. 그리고 내 등 뒤에서 방탄유리가 닫히는 소리를 들었다. 밖에는 눈이 왔다. 모든 게 평온했다. 이제 크리스마스다. 감방으로 돌아간 테레사는 작은 탁자 앞에 앉아 편지를 썼다. 아버지에게 보내는 것이었다. 그런 다음 침대보를 찢은 테레사는 그것을 돌돌 말아 창틀에 걸고 목을 맸다.

12월 25일 타클러는 비상대기조로 근무를 하고 있던 여 검사의 전화를 받았다. 전화를 끊고 그는 금고를 열어 아버지에게 물려받은 권총을 꺼냈다. 그리고 총구를 입에 물고 방아쇠를 당겼다.

◆ ◆ ◆

감옥 당국은 테레사의 유물을 창고에 보관했다. 형법에 따르면 변호인은 의뢰인의 유물을 수령할 권리가 있다. 어느 날 법무부 명의로 그녀의 옷가지와 책들을 담은 소포가 나에게 배달되어

왔다. 우리는 물건을 프랑크푸르트에 사는 테레사의 고모에게 보냈다.

책들 가운데 한 권은 내가 가지고 있다. 테레사가 속표지에 내 이름을 써 놓았던 것이다. 책은 스콧 피츠제럴드의 《위대한 개츠비》*였는데, 2년째 내 책상 위에 손도 안 대고 놓여 있었다. 결국 나는 책을 펼쳤다. 그녀는 낭독을 하고 싶었던 구절에 파란 줄을 그어 놓았다. 그 옆에는 깨알 같은 글씨로 메모가 가득하다. 딱 한 줄만 빨간 줄이 그어져 있다. 마지막 문장이다. 그 구절을 읽을 때면 언제나 테레사의 목소리를 듣는다.

"우리는 노를 잡고 흐름을 거슬러 올라가기 위해 싸웠죠. 하지만, 언제나 쓸려 내려갈 뿐이었어요. 저 과거로."

◆ 미국 작가 프랜시스 스콧 피츠제럴드의 소설. 인간 사회의 허상과 실상을 탁월하게 묘사한 걸작으로 꼽히는 작품이다.

story 4
고슴도치

─── 법관들은 회의실에서 법복을 챙겨 입었다. 배심원 가운데 한 사람이 몇 분 지각을 했다. 재판정의 경위는 치통으로 힘들어 하다가 다른 사람으로 교체되었다. 피고는 아주 조잡한 인상을 주는 레바논 사람 발리드 아부 파타리스이다. 그는 처음부터 입을 굳게 닫고 있었다. 증인들은 피해자가 조금 과장한다고 증언했다. 증거를 좀 더 면밀히 검토해야 할 필요가 있다. 흔히 볼 수 있는 지극히 평범한 강도 사건이다. 유죄로 판명이 날 경우 받아야 할 형벌은 5년에서 최장 15년이다. 법관들의 의견은 일치했다. 피고의 전과 기록으로 볼 때 8년 정도가 적당했다. 그가 범인이라는 데에는 의심의 여지가 없었다. 재판은 하루 종일 지루하게 이어졌다. 특별한 것은 없었다. 아니, 특별한 것을 기대해야 할 이유를 찾기 어려웠다.

벌써 오후 3시이다. 공판은 이제 곧 끝날 것이다. 오늘 할 일은 그리 많지 않았다. 재판장은 증인 명단에 단 한 사람만 남아 있는 것을 확인했다. 피고의 동생인 카림이다. '흠, 친족이 내세우는 알리바이라는 게 뭔지 한번 볼까.' 재판장은 이렇게 생각하며 돋보기안경 너머로 증인을 건너다보았다. 재판장이 이 증인에게 염두에 둔 질문은 단 하나였다. 바르텐슈트라세의 전당포가 털릴 때 피고 발리드가 정말 집에 있었다는 주장을 증인은 여전히 고집할까? 이게 재판장이 품은 유일한 의문이었다. 법관은 될 수 있는 한 간략하게 물었다. 심지어 카림에게 자신의 말을 충분히 알아듣느냐고 두 번씩이나 확인했다.

 카림이 입을 열리라고 기대한 사람은 아무도 없었다. 재판장은 피고의 동생에게 누차 묵비권을 사용해도 좋다고 일러 줬다. 그게 법이었다. 발리드와 그의 변호사까지 포함해 법정에 있던 사람은 누구나 카림이 증언을 하려 한다는 사실에 놀라 마지않았다. 이제 모두 그의 입이 열리기만 기다렸다. 형의 미래는 동생의 증언에 따라 달라지리라. 법관은 지친 표정이었으며, 변호사는 지루해 했고, 배심원 가운데 한 사람은 계속 시계만 쳐다보았다. 그는 5시에 출발하는 드레스덴행 열차를 놓칠까 조바심을 냈다. 카림은 공판의 마지막 증인이었다. 법정은 대개 별로 중요하지 않은 것을 마지막에 듣는다. 카림은 자신이 지금 뭘 하려는지 잘 알고 있다. 그는 언제나 자신이 무얼 하는지 잘 알았다.

◆ ◆ ◆

카림은 범죄로 물든 가정에서 자랐다. 그의 삼촌은 레바논에서 토마토 한 상자 때문에 여섯 사람을 쐈다고 한다. 카림의 여덟 형제는 모두 전과가 있었다. 법정에서 그 목록을 읽는 데만 30분이 걸렸다. 훔치고 강탈했으며 사기를 쳤고 협박을 일삼았다. 위증으로 형을 산 사람도 있었다. 다만, 살인이나 과실치사로 법의 심판을 받은 일은 없었다.

카림의 가문은 몇 세대에 걸쳐 사촌과 사촌, 조카와 조카끼리 결혼을 했다. 카림이 입학을 했을 때 선생은 이렇게 한숨을 쉬었다고 한다. "에휴, 또 아부 파타리스냐!" 선생은 카림을 바보 취급했다. 교실에서 가장 뒷자리에 앉혔으며, 이제 갓 여섯 살인 카림에게 담임은 눈부터 부라렸다. 절대 싸움을 해서는 안 되며, 입도 열지 말고 눈에 띄지 않도록 행동하라고 윽박질렀다. 그래서 카림은 말을 하는 적이 없었다. 카림은 자신이 다르다는 것을 보여 줘서는 안 된다는 것을 눈치 빠르게 깨달았다. 형들은 툭하면 동생의 뒤통수를 때렸다. 무슨 말을 해도 우물거리기만 하는 통에 알아들을 수가 없었기 때문이다. 1학년 교실의 또래들은 카림이 뭘 설명하려고만 하면 먼저 비웃기부터 했다(학급은 시 당국의 외국인 수용 정책으로 80퍼센트가 외국인 자녀로 이루어졌다). 카림이 평소와 다르게 굴려고 하면 아이들은 그에게 주먹질부터 했다. 카림의 성적이 형편없는 것은 정해진 일이었다. 카림에게는 달리 어쩔 수가 없었다.

열 살이 된 카림은 경우의 수, 적분, 해석기하학 따위를 한 권의 교과서로 배웠다. 책은 선생의 서가에서 훔쳤다. 그러나 숙제든 시험이든 또래 아이들이 푸는 쉬운 문제들을 그는 낙제점을 받기 위해 일부러 틀렸다. 그래야 주변의 주목을 끌지 않기 때문이다. 홀로 공부하는 수학 책에서 아주 어려운 문제를 만나면 카림은 머릿속에서 웅웅 하는 소리가 들리는 것만 같았다. 이런 순간이 너무나 행복하고 좋았다.

그는 형들과 마찬가지로 어머니와 함께 살았다. 26살의 제일 큰 형도 마찬가지였다. 아버지는 카림이 세상에 태어나고 얼마 지나지 않아 죽었다. 노이쾰른의 집은 방이 여섯 개였다. 방 여섯 개를 열 사람이 함께 썼다. 막내인 카림의 몫은 잡동사니를 넣어 두는 헛간이었다. 조명이라야 우윳빛이 나는 전구 달랑 하나였으며, 합판으로 얼기설기 엮은 선반이 가구의 전부였다. 헛간은 자루가 부러진 대걸레, 손잡이가 빠진 양동이, 무슨 기계에 쓰는지 애매하기 짝이 없는 케이블 등 누구도 더 필요로 하지 않는 물건들로 가득했다. 카림은 그곳에 하루 종일 틀어박혀 컴퓨터하고만 씨름했다. 어머니는 그가 거친 형들처럼 비디오게임에 열중하는 것으로만 알았다. 그러나 카림은 'www.gutenberg.de'*에서 고

전만 골라 읽었다.

열두 살이 된 카림은 형들처럼 되기로 결심했다. 그는 포스트방크**의 방화벽을 해킹해 수백만의 계좌에서 끝자리의 푼돈만 빼내 쉽게 들통 나지 않는 프로그램을 만들어 그 CD를 형들에게 주었다. 형들은 평소 "멍청이"라 부르는 막내가 주는 CD를 뭔지 알지도 못하고 쓰레기통에 처박았다. 뒤통수를 때리며 허튼짓 하지 말라고만 했다. 다만 발리드는 카림이 뭔가 특별한 능력을 가지고 있다는 것을 눈치 채고 거친 형들에게서 막내를 보호했다.

카림은 열여덟이 되자 학교를 떠났다. 다니던 직업학교의 성적은 졸업에 필요한 점수만 간신히 채웠다. 그러나 그의 집안에서는 이 정도만 해도 대단한 일이었다. 지금껏 누구도 고등학교를 마친 적이 없었다. 카림은 발리드에게서 8천 유로를 빌렸다. 발리드는 카림이 그 돈을 가지고 마약 거래의 밑천으로 삼을 모양이라고 짐작했을 따름이다. 카림은 그동안 증권에 능통했다. 특히 환율에 밝아 인터넷으로 외화를 사고팔았다. 일 년 만에 그가 벌어들인 돈은 거의 70만 유로***였다. 카림은 도시의 고급 주택

◆　독일 정부의 지원을 받아 고전 텍스트를 무료로 제공하는 사이트. 인쇄술을 발명한 구텐베르크를 기리기 위한 문화 사업이다.
◆◆　독일연방우체국에서 갈라져 나온 우편은행. 독일에서 가장 많은 고객을 가진 금융기관이다.
◆◆◆　현재 환율로 약 10억 8천만 원.

가에서 아담한 아파트 한 채를 세냈으며, 매일 아침 거기로 출근하다시피 했다. 누구도 뒤를 따르지 않도록 길을 빙 둘러 왔다. 카림은 자신의 은신처에 수학 책들로 빼곡한 서가를 꾸몄으며, 고성능 컴퓨터를 장만해 틈틈이 증권 및 주식 거래를 하며 독서를 즐겼다.

형들은 저 "멍청이"가 이제 마약 거래에 푹 빠진 모양이라며 흡족해 했다. 물론 형들이 보기에 카림은 "진짜 아부 파타리스"가 되기에는 너무 허약했다. 이종 격투기 따위에는 조금도 관심을 갖지 않는 카림이었다. 그래도 형들처럼 황금 목걸이를 했으며, 은은한 잿빛의 고급 면 셔츠와 검은 나파* 가죽 재킷을 입었다. 말투는 여전히 노이쾰른의 속어를 즐겼으며, 지금껏 단 한 번도 꼬리를 밟힌 적이 없다고 해서 주변에서는 그를 우러러 보는 이까지 생겼다. 하지만 형들은 여전히 카림을 대수롭지 않게 여겼다. 혹 카림을 어떻게 생각하느냐는 질문을 받으면 형들은 그저 가족이라고만 했다. 동생에게 관심을 갖거나 신경을 쓰는 일은 전혀 없었다.

카림의 이중생활을 짐작이라도 하는 사람은 아무도 없었다. 그

◆ 부드럽게 무두질을 한 양이나 염소 가죽. 원래 미국의 '나파밸리'에서 나던 것을 가리키는 말이었으나 오늘날에는 명품 가죽 제품의 대명사처럼 쓰이고 있다.

가 고급 옷가지들을 즐비하게 갖추고 있는 것은 물론이고, 야간 학교를 다니며 아이들 장난치듯 대학 입학 자격을 따냈다는 사실은 카림만 아는 비밀이었다. 그는 일주일에 두 번 베를린 공대[◆]에서 수학 강의를 들었다. 벌써 상당한 재산을 모았으며, 적지 않은 세금을 냈고, 노이쾰른이라고는 전혀 모르며 문학을 공부하는 예쁜 여자 친구도 사귀었다.

◆ ◆ ◆

카림은 발리드의 수사 기록을 철저하게 읽었다. 가족은 누구나 열람할 권리를 가졌지만, 그 내용을 이해할 수 있는 사람은 카림뿐이었다. 발리드는 전당포를 습격해 1만 4,490유로를 빼앗았으며 알리바이를 만들기 위해 엄청난 속도로 집을 향해 차를 몰았다. 피해자는 곧장 경찰에 신고를 했으며, 범인의 인상착의를 정확하게 설명했다. 두 명의 수사관은 이야기를 듣자마자 아부 파타리스 가운데 한 명이라는 것을 직감했다. 물론 형제의 생김새는 믿기 어려울 정도로 무척 비슷해서, 그 덕에 위기를 모면한 경우도 많았다. 형제를 나란히 세워 놓아도 이들을 구별할 수 있

◆ 베를린에 있는 종합대학교. 근대에 들어와 기술의 중요성이 강조되면서 자연과학에 중점을 둔 대학교들이 속속 생겨났는데, 1775년에 설립된 베를린공대도 그중 하나이다.

는 증인은 없었다. 심지어 폐쇄회로 카메라에 찍힌 영상조차 누가 누구인지 거의 구분하기 어려웠다.

이번에는 경찰이 빨랐다. 발리드는 집으로 돌아오는 도중에 강탈한 돈과 물건을 숨겼으며, 범행 무기는 슈프레 강*에 던져 버렸다. 경찰이 집을 덮쳤을 때 발리드는 소파에 앉아 차를 마셨다. 그는 푸른 사과처럼 빛나는 녹색 티셔츠를 입고 있었다. 티셔츠 가슴팍에는 "FORCED TO WORK"(일해야만 한다) 라는 노란 글씨가 번쩍였다. 발리드는 그게 무슨 뜻인지 몰랐지만, 어딘가 모르게 쿨 하다고 생각했다. 경찰은 그를 체포했다. 또 "도주와 증거 인멸의 위험"이 있다고 보고 직권으로 가택수색을 벌여 집 안을 발칵 뒤집어 놓았다. 소파를 칼로 찢었으며, 책상과 옷장의 서랍들을 바닥에 내팽개쳤다. 심지어 난방을 위해 나무를 깐 바닥을 뜯어내기까지 했다. 그 아래 뭔가 숨겨 두었다고 본 탓이다. 그러나 경찰은 아무것도 찾아내지 못했다.

그럼에도 발리드는 투옥되었다. 전당포 주인이 발리드의 티셔츠를 너무도 확실하게 알아보았기 때문이다. 두 명의 경찰은 마침내 아부 파타리스 한 명을 잡는 데 성공했다며 흡족해 했다. 이제 발리드는 최소한 5년은 꼼짝없이 감옥에서 썩어야 한다며 의기양양해 했다.

◆ 베를린을 가로지르는 강.

◆ ◆ ◆

 카림은 증인석에 앉아 법관들을 바라보았다. 카림은 그저 단순히 알리바이를 주장한다고 해서 자신의 말을 믿어 줄 사람이 이 법정에는 아무도 없다는 것을 잘 알았다. 자신 역시 아부 파타리스 가족의 한 사람이 아닌가. 그리고 검찰은 가족을 범죄의 소굴로 지목하고 있다. 이런 마당에 누구나 카림의 증언을 거짓말이라 믿을 것이다. 그렇게 간단하게는 통하지 않는다. 발리드는 수년이라는 세월을 감옥에서 보낼 수밖에 없다.

 카림은 노예의 아들로 태어나 가난한 시인으로 살았던 아르킬로코스◆가 한 말을 떠올렸다. 그가 인생의 좌우명으로 삼았던 말의 내용은 이렇다. "여우는 아는 게 많지만, 고슴도치는 딱 한 가지에만 집중한다." 법관과 검사가 여우라면, 자신은 고슴도치가 되자며 카림은 어금니를 지그시 깨물었다. 어찌해야 좋은지 그 방법은 그동안 충분히 익혔다고 자신했다.

 "저, 판사님······." 이윽고 입을 연 카림이 떨리는 목소리로 말했다. 부러 청승을 떤다고 해서 누구도 동정을 하지 않으리라는 것은 분명했다. 다만 약간 주의를 끌기는 할 것이다. 카림은 자

◆ 기원전 600년 경의 그리스 시인. 영웅 서사시에서 벗어나 개인의 생각과 감정을 충실하게 표현한 서정시의 세계를 연 최초의 시인이다.

신의 말이 어눌하지만 신뢰감은 줄 수 있도록 모든 노력을 아끼지 않았다. "존경하는 법관님, 발리드 형은 저녁 내내 집에 있었습니다." 카림은 말을 멈추고 잠깐 쉬었다. 서두른다는 인상을 주지 않아야 했다. 곁눈질로 보니 검사는 벌써 카림을 상대로 위증을 심의해야 한다는 고발장을 쓰고 있었다.

"아, 예, 저녁 내내 집에 있었다······." 재판장은 이렇게 말하며 고개를 내밀었다. "그러나 피해자는 발리드를 틀림없는 범인으로 지목했는데요."

검사는 고개를 절레절레 흔들었고, 변호사는 서류 더미에 얼굴을 묻었다.

카림은 기록에서 용의자들을 보여 주고 범인을 가려내게 하는 사진을 보았었다. 콧수염과 혁대에 착용하는 미니 가방 그리고 운동화를 신은 네 명은 누가 봐도 경찰임을 알 수 있는 사복 경찰이었으며, 나머지 한 명이 발리드였다. 그는 다른 남자들에 비해 머리 하나는 더 있는 것처럼 보일 정도로 키가 컸으며, 어깨는 두 배는 족히 더 되었다. 그리고 검은 머리에 노란 글씨가 적힌 녹색 티셔츠를 입고 있다. 그를 틀림없는 범인으로 지목했다는 증인은 사건 현장에 있지도 않았던 아흔 살의 시력을 반쯤 잃은 노파였다.

카림은 다시금 훌쩍이며 재킷의 소매로 코를 닦았다. 콧물이 소매에 그대로 묻어났다. 카림은 그 자국을 보면서 말했다. "아뇨, 재판장님, 범인은 발리드 형이 아닙니다. 부디 제 말을 믿어 주십시오."

"어허, 저는 지금 당신에게 다시 한 번 여기서 진실만을 이야기해야 한다는 것을 상기시켜 드리고 싶군요."

"저는 지금 진실만 이야기하고 있습니다."

"위증의 경우 처벌을 받습니다. 감옥에 갈 수 있다 이 말이죠." 판사는 될 수 있는 한 카림의 수준에 맞추려 애를 쓰는 것 같았다. 잠시 생각에 잠겨 있던 판사가 다시 입을 열었다. "발리드가 아니라면 대체 누가 그랬다는 거요?" 판사는 좌중을 돌아보았다. 검사가 슬그머니 미소를 지었다.

"그렇지, 대체 누가 그랬소?" 검사가 되물었다. 재판장은 지금 증인을 심문하는 것은 자신이라는 눈빛으로 검사를 흘겨보았다.

카림은 망설였다. 되도록 오래 끌면서. 속으로 다섯까지 셌다. 그리고 입을 열었다.

"이마드 형입니다."

"뭐라고요? '이마드' 라니? 그게 무슨 소리요?"

"발리드가 아니라, 이마드가 그랬다고요." 카림이 말했다.

"그 이마드가 누구요?"

"이마드는 제 또 다른 형입니다." 카림이 대답했다.

재판장은 놀란 입을 다물지 못하고 카림의 얼굴을 바라봤다. 변호인조차 화들짝 놀라 깨어났다. '아부 파타리스가 가문의 철칙을 깨고 가족에게 부담이 될 발언을 한다?' 법정에 있던 모든 사람들은 이렇게 자문하는 표정이었다.

"그렇지만 경찰이 오기 전에 이마드 형은 도망갔습니다." 카림이 덧붙였다.

"예? 아, 예……." 재판장은 슬그머니 부아가 치밀었다. '도대체 무슨 허튼 수작을 하는 거야?'

"이마드 형은 제게 여기 이것을 주었습니다." 카림은 갈색 봉투를 하나 내밀었다. 진술만으로는 충분하지 않으리라는 것을 벌써 오래전부터 계산에 넣었던 카림이다. 공판이 열리기 한 달 전부터 카림은 자신의 계좌에서 조금씩 꾸준하게 돈을 빼 두었다. 이제 돈은 발리드가 훔쳤다는 정확히 그 액수만큼 봉투에 들어 있었다. 카림은 봉투를 판사에게 건넸다.

"이게 뭐요?" 법관이 물었다.

"모릅니다, 안 열어 봤습니다." 카림이 대답했다.

재판장은 봉투를 열어 돈을 꺼냈다. 판사는 지문 걱정은 까맣게 잊었다. 그러나 어차피 지문은 없었다. 판사는 큰소리로 천천히 돈을 헤아렸다. "정확히 1만 4,490유로군요. 이걸 이마드가 당신에게 4월 17일 저녁에 주었단 말이오?"

"예, 판사님. 바로 그렇습니다."

재판장은 잠시 생각에 잠겼다. 이윽고 판사는 네 놈의 약점 따위는 충분히 찾아낼 수 있다 하는 표정으로 질문을 던졌다. 비웃음이 숨길 수 없이 배어나는 목소리였다. "증인, 그럼 이마드가 이 봉투를 줄 때 무슨 옷을 입고 있었는지 기억할 수 있소?"

"에, 그게, 잠깐만요."

배석한 판사들의 얼굴에 안도하는 기색이 흘렀다. 재판장은 허리를 젖히며 고쳐 앉았다.

'서두르지 말자, 뜸을 충분히 들이는 거다. 침착해야 한다.' 카림은 속으로 이렇게 다짐하고 난 다음 입을 열었다. "청바지에 검은 가죽점퍼 그리고 티셔츠입니다."

"어떤 티셔츠죠?"

"오, 그건 정말 모르겠는데요." 카림은 곤혹스럽다는 표정을 지었다.

재판장은 만족한 표정으로 배석 판사들을 바라보며 미소를 지었다. 판사 두 명은 나중에 판결문을 써야 한다. 두 사람은 재판장을 마주보며 고개를 끄덕였다.

"에, 그게 그러니까……." 카림은 머리를 긁적였다. "아, 이제 알겠어요. 우리 형제는 모두 삼촌이 선물한 똑같은 티셔츠를 가지고 있거든요. 삼촌이 아주 싸게 사서 우리에게 보내 줬어요. 영어로 일을 해야만 먹고살 수 있다는 글귀가 새겨져 있죠. 그런 말을 가슴에 달고 다닌다는 게 무척 재밌었거든요."

"여기 이 사진에서 발리드가 입고 있는 이 티셔츠를 말하는 거요?" 재판장은 증거 자료에서 사진을 한 장 꺼내 카림에게 내밀었다.

"예, 예, 판사님, 바로 그겁니다. 우리는 그 티셔츠를 아주 많이 가지고 있죠. 그러고 보니 제가 지금 바로 그걸 입고 있습니다. 그런데 그 사진의 얼굴은 발리드 형이 아니라 이마드 형인데요."

"물론 그러시겠지." 재판장이 퉁명스레 받았다.

"어디 티셔츠 한 번 봅시다." 검사가 발끈하고 나섰다.

'마침내 걸려들었군!' 카림은 속으로 이렇게 되뇌며 말했다. "보여 달라고요? 그건 집에 있는데."

"아니, 지금 당신이 입고 있는 거 말이오!"

"진짜요? 하필 지금 그걸 보여줘야 하나요?"

"그렇소, 빨리 봅시다." 재판장이 재촉했다.

검사도 심각한 얼굴로 노려보자 카림은 어깨를 으쓱했다. 그는 될 수 있는 한 아무렇지도 않은 표정을 지으며 가죽점퍼의 지퍼를 천천히 열었다. 카림은 증거 사진의 발리드와 똑같은 티셔츠를 입고 있었다. 지난 주 카림은 크로이츠베르크의 복사 가게를 돌아다니며 이미 티셔츠를 스무 장 마련해 형들에게 나눠 주었다. 그래도 미심쩍어 열 장을 더 찍어 부모 집에 숨겨 놓았다. 수색영장이 떨어질 때를 대비한 것이다.

공판은 중지되었으며 카림은 재판정 밖으로 나가 기다려야만 했다. 나가기 전에 카림은 판사가 검사에게 문제가 된 사진 외에 다른 증거는 없냐고 묻는 것을 들었다. '1라운드는 잘 마무리되었군.' 카림은 속으로 중얼거렸다.

다시 법정으로 호출을 받은 카림은 전과가 있냐는 질문을 받았다. 없다고 하자 검사는 이제 막 형리가 가져다준 기록을 확인했다. 말 그대로 카림은 깨끗했다.

"아부 파타리스 씨." 검사가 카림의 얼굴을 똑바로 쳐다봤다. "지금 당신의 진술로 이마드가 엄청난 부담을 안게 된다는 것은 아시죠?"

카림은 아무 말 없이 고개만 끄덕였다. 몹시 부끄러운 듯 눈길을 깔아 구두코만 바라보았다.

"어째서 그러는 거요?"

"에, 그게 그러니까요." 카림은 이제 약간 말을 더듬었다. "발리드도 제 형이죠. 저는 막내니까요. 모두 언제나 저를 보고 멍청이라고 부르죠. 어쨌거나 발리드도 이마드도 제 형입니다. 아시겠어요? 다른 형이 한 짓 때문에 발리드가 감옥에 가서는 곤란하죠. 가족이 아닌 사람이 범인이라면 얼마나 좋겠습니까. 그렇지만 아쉽게도 이번 일의 범인은 제 형입니다. 이마드 말이죠."

이제 카림은 천천히 결정타를 먹일 준비를 했다.

"판사님." 카림이 입을 열었다. "발리드는 정말 아닙니다. 그렇지만 발리드와 이마드가 서로 아주 닮았다는 말도 사실입니다. 한번 보세요." 카림은 두툼한 지갑에서 아홉 형제를 나란히 찍은 구겨진 가족사진 한 장을 꺼냈다. 그리고 재판장의 코앞에 쑥 내밀었다. 돌연한 행동에 짜증이 난 판사는 사진을 집어 탕 하는 소리와 함께 자기 앞에 내려놓았다.

"거기 왼쪽 첫 번째가 접니다. 두 번째는, 판사님, 발리드입죠. 세 번째는 파룩크고, 네 번째가 바로 이마드입니다. 다섯째는……."

"사진을 우리가 보관해도 좋겠소?" 변호사가 끼어들었다. 국선으로 변호를 맡은 그는 친근해 보이는 인상의 중년 남자였다. 암울하기만 했던 사건에서 돌연 한 줄기 빛을 본 변호인의 얼굴에는 엷은 미소가 흘렀다.

"다시 돌려만 주신다면야. 그 사진은 한 장뿐이거든요. 레바논에 계신 할리마 이모에게 보내 주려고 찍은 것이죠. 반년 전에 우리 아홉 형제가 모두 모여 찍었습니다, 보기 좋죠?" 카림은 재판 관계자들을 죽 훑어보았다. 마치 내 말을 한 마디도 놓치면 안 돼 하고 다짐을 주는 것만 같았다. "그래야 이모가 우리 모두를 볼 수 있을 테니 말이죠. 그런데 사진은 보내지 못했어요. 파룩크 형이 자기 얼굴이 이상하게 나왔다고 불평을 했거든요." 카림은 다시 한 번 사진을 들여다보았다. "파룩크 형이 좀 이상하게 나오기는 했어요. 그는 전혀……."

재판장은 손사래를 쳤다. "자리로 돌아가세요, 증인."

카림은 증인석으로 돌아와 앉아 이야기를 다시 처음부터 되풀이했다. "그럼 다시 볼까요, 판사님. 첫째는 겝니다, 둘째는 발리드이고 셋째는 파룩크, 넷째는……."

"알았소. 고맙구려." 판사는 짜증이 섞인 목소리로 말했다. "무슨 소리인지 잘 알아들었소."

"사람들은 누구나 우리를 보고 혼동을 일으키죠. 학교에서 선생도 헷갈리기 일쑤였으니까요. 한번은 생물 시간에 웃기는 일이 벌어졌죠. 발리드 형은 생물을 아주 어려워했거든요……." 카림은 끄떡도 않고 계속 떠들어 댔다.

"알았다니까요." 판사가 신경질적으로 말을 끊었다.

"아니, 이 얘기는 들으셔야 해요, 생물 시간에……."

"됐다니까." 판사가 막았다.

카림은 증인석을 떠나 법정 밖으로 나갔다.

전당포 주인은 방청석에 앉아 있었다. 법정은 이미 그의 증언을 들었지만, 주인은 판결의 순간을 보고 싶었던 것이다. 하긴 그는 피해 당사자이니 당연한 노릇이다. 이제 전당포 주인은 다시 앞으로 불려나가 가족사진을 꼼꼼하게 살폈다. 그는 자신이 알아보아야 하는 게 2번이라는 사실을 미리 계산하고 있었다. "당연히 사진의 두 번째 남자죠." 조금 성급한 게 아닐까 하는 생각이 들 정도로 빠른 반응이었다. 나중에는 본인도 후회를 했을 정도였다. 하지만, 두 번째가 범인이라는 확신을 가졌던 터라 그의 목소리에는 자신감이 넘쳤다. 법정 분위기는 다시 안정을 찾는 것 같았다.

법정의 문 앞에서 카림은 판사가 상황을 완전히 파악하기까지 얼마나 시간이 걸릴지 계산을 해보았다. 재판장은 전당포 주인을 다시 한 번 심문하려는 결정을 이내 내릴 것이다. 카림은 정확히 4분을 기다렸다가, 다시 법정으로 들어갔다. 물론 판사가 들어오라고 요구하지는 않았다. 판사 앞에 가서 사진을 보고 있는 전당포 주인의 모습이 카림의 눈에 들어왔다. 모든 게 계획대로 풀리는 것을 본 카림의 입가에는 희미한 미소가 흘렀다. 그런 다음 카림은 큰소리로 자신이 깜박했다고, 한 번 더 자신의 말을 들어 달라고 외쳤다. 잠깐이면 된다고, 아주 중요한 얘기라고 난

리법석을 피웠다. 이런 식으로 방해를 받는 게 싫었던 재판장은 짜증이 가득한 목소리로 물었다. "나 참, 그래 뭐요, 또?"

"죄송합니다, 제가 실수를 했습니다. 아주 멍청한 실수를 했어요. 판사님, 이런 어처구니없는 착각을 하다니, 정말 죄송합니다."

카림은 일거에 법정의 시선들을 사로잡았다. 모두들 이마드에 불리했던 증언을 철회하려나보다 하고 짐작했다. 그런 일은 법정에서 흔히 볼 수 있었으니 말이다.

"그러니까, 판사님, 사진의 두 번째는 이마드입니다. 발리드가 아녜요. 그는 네 번째입니다. 죄송합니다, 제가 너무 긴장을 해서 말이죠. 모든 게 뒤죽박죽이에요, 미안합니다."

재판장은 머리를 절레절레 흔들었으며, 전당포 주인은 얼굴이 새빨개졌다. 변호사는 터져 나오는 웃음을 참느라 얼굴을 일그러뜨렸다. "두 번째가 이마드라고?" 판사는 성난 목소리로 되물었다. "그러니까 두 번째가 발리드가 아니고······."

"예, 예, 두 번째가 이마드예요. 저기 판사님!" 카림은 정색을 하고 말했다. "이모가 알아보기 좋으라고 사진 뒤에 차례로 이름을 써 놨어요. 이모는 우리를 본 적이 한 번도 없거든요. 독일에 올 형편이 아니었으니까요. 입국 비자를 받기가 까다롭다는 건 판사님도 잘 아시죠? 그리고 우리 형제는 너무 많습니다. 판사님, 사진을 돌려보세요. 보이시나요? 거기 왼쪽부터 차례대로 이름을 써놨습니다. 사진 뒤에 말이에요. 그런데 사진은 언제 돌려주실 건가요?"

◆ ◆ ◆

전과자 기록에서 이마드의 사진들을 열람하고 난 재판부는 발리드를 석방했다. 이어 이마드가 체포되었다. 영문을 몰라 어리둥절해 하던 이마드는 여권에 찍힌 출입국 도장으로 사건 당시 레바논에 있었다는 알리바이를 인정받아 이틀 만에 풀려났다. 여권 문제는 카림도 익히 알고 있던 것이다.

결국 검사는 카림을 상대로 위증 및 이마드를 불리하게 만든 무고의 책임을 물어 고소를 했다. 카림은 나를 찾아와 전후사정을 낱낱이 들려주었다. 우리는 앞으로 철저히 묵비권을 행사하기로 결정을 했다. 형들 역시 가까운 친척이라는 이유를 내세워 증언 거부권을 주장하기로 했다. 결국 카림에게 남은 것은 짙은 혐의였을 따름이다. 검사는 아무것도 증명할 수 없었다. 카림은 모든 것을 충분히 예상하고 대비책을 세워 둔 것이다. 카림을 상대로 한 고소장은 기각되었다. 다양한 경우의 수를 생각할 수 있었다. 예컨대, 발리드가 이마드에게 훔친 돈을 주었으며, 형제가운데 다른 사람이 이마드의 여권을 가지고 여행했을 수도 있었다. 그만큼 형제들은 서로 빼다 박은 것처럼 닮았다.

물론 형들은 여전히 카림의 뒤통수를 때렸다. 그들은 어떻게 카림이 발리드를 구했으며, 법정에 망신을 안겨 주었는지 전혀 알지 못했다.

카림은 아무 말도 하지 않았다. 그는 고슴도치와 여우를 생각했을 뿐이다.

─── 그녀의 고객은 25년 동안 정계에 몸담아 온 사람이다. 그는 옷을 벗으며 자신이 어떻게 출세를 했는지 이야기했다. 플래카드를 내걸었고 동네 술집마다 다니며 연설을 하면서 선거운동을 했다고 자랑을 늘어놨다. 지역구 조직 및 관리는 이렇게 하는 거라고 으스댔다. 그래서 벌써 3선 의원으로 활약하고 있다는 거였다. 친구가 아주 많으며, 심지어 위원회의 위원장까지 맡았다고 침까지 튀겨 가며 이야기했다. 그리 의미 있는 위원회는 아니었지만, 어쨌거나 위원장이라는 자리는 무시할 수 없는 거라고 시키지도 않은 이야기를 했다. 이제 그는 달랑 팬티만 걸치고 그녀 앞에 섰다. 이리나는 그 위원회라는 게 뭔지 몰랐다.

뚱뚱한 남자에게 방은 너무 좁았다. 그는 땀을 비 오듯 흘렸다. 오늘은 아침 일찍 해야만 한다고 남자가 말했다. 오전 10시에 회의가 있다고 했다. 아가씨는 괜찮다고 했다. 침대는 깔끔했으며, 여자는 아름다웠다. 갓 스무 살이나 되었을까. 봉긋한 가슴이 예뻤으며, 입술이 육감적이었다. 키는 175는 족히 될 거 같다. 동유럽 여자들이 대개 그러하듯 화장을 짙게 했다. 거구의 남자는 그게 좋았다. 그는 지갑에서 70유로를 꺼내 침대 위에 놓았다. 자신의 옷가지는 잘 개켜 의자 위에 두었다. 그에게 양복 주름이 구겨지지 않는 것은 매우 중요했다. 여자는 남자의 팬티를 벗겼다. 출렁이는 뱃살을 밀어 올려야만 했다. 남자의 눈에는 여자의 정수리만 보였다. 아랫도리에서 타고 올라오는 짜릿함에 남자는 흠칫 몸을 떨었다. 여자가 오래 자신을 즐겁게 해 주리라는 생각에 남자는 기분이 좋아졌다. '오늘은 운이 좋군.' 남자는 이렇게 생각하며 사지를 편안하게 뻗었다. 뚱보가 마지막으로 느낀 것은 가슴팍에서 뭔가 뜨끔 하는 것이었다. 그는 손을 들어 여자에게 멈추라고 하고 싶었지만, 입에서 나오는 것은 헉헉 대는 신음일 뿐이었다.

이리나는 남자가 좋아서 신음을 내는 줄로만 알았다. 몇 분 뒤 여자는 남자가 아무 소리도 내지 않는다는 것을 깨달았다. 위를 올려다보았다. 고개가 옆으로 돌아가 있었으며, 베개에는 남자가 흘린 침으로 흥건했다. 눈알이 돌아간 탓에 흰자위만 보였다. 이리나는 소리치며 남자의 몸을 흔들어 보았지만 꼼짝도 하지 않았다. 얼른 주방으로 달려가 찬 물을 한 잔 떠다가 남자의 얼굴에 끼얹었다. 남자는 손가락 하나 까딱하지 않았다. 양말만 신은 남자가 알몸으로 축 늘어져 있다. 목숨을 잃은 것이다.

◆ ◆ ◆

　이리나는 1년 반째 베를린에 살고 있다. 될 수 있으면 고향에 남고 싶었다. 유치원과 학교를 다녔던 곳, 친구와 가족이 사는 곳, 언어가 친숙한 그곳이야말로 천국이라는 게 요즘처럼 새삼스러울 수 없었다. 고향에서 이리나는 의상 디자이너였다. 작지만 예쁜 집도 있었다. 모두 고향에 두고 왔다. 가구, CD, 화분, 사진 앨범, 검은 무늬가 점점이 찍힌 하얀 고양이. 고양이는 주인을 잃고 헤매던 것을 데려다 키운 것이다. 그곳의 삶은 익숙하고 평안했다. 그리고 이리나는 그게 너무 좋았다. 여자 옷을 디자인했으며, 몇 벌은 직접 짓기도 했다. 심지어 두 벌을 팔아도 보았다. 그녀의 디자인은 가볍고 명쾌했다. 번화가에 작은 가게를 하나 내는 게 꿈이었다.
　그러나 고향에서는 전쟁이 한창이었다.
　어느 주말 이리나는 농촌에 사는 오빠를 찾아갔다. 부모에게 농장을 물려받은 오빠는 농사를 짓는 덕분에 군대에 불려가지 않았다. 이리나는 오빠를 졸라 농장에서 멀지 않은 호수로 산책을 갔다. 오후의 햇살이 따사로운 선착장에 앉은 남매는 호수의 풍광을 즐겼다. 그녀는 오빠에게 자신의 꿈을 이야기하며 노트에 새로 그린 디자인 스케치를 보여 줬다. 오빠는 대견하다는 눈빛으로 동생의 어깨를 다독이며 기뻐했다.

농장으로 돌아왔을 때 남매를 맞은 것은 군인들이었다. 그들은 이리나의 오빠를 쏘았다. 이리나를 겁탈했다. 네 명의 군인이 돌아가며 그녀 위에 올라탔다. 한 명은 그녀를 찍어 누르고 얼굴에 침을 뱉었다. 창녀라고 욕을 하며 눈을 때렸다. 눈을 맞고 나서 이리나는 더 이상 저항하지 않았다. 군인들이 가 버리고 이리나는 식탁 위에 만신창이가 되어 누워 있었다. 하얗고 붉은 줄무늬가 들어간 식탁보에 둘둘 말린 채……. 그녀는 눈을 뜰 수가 없었다. 그냥 이대로 끝이었으면 좋겠다고 생각했을 뿐이다.

다음날 아침 이리나는 다시 호수로 갔다. 물에 빠져 죽는 게 가장 간단하다고 생각했다. 그러나 쉬운 일이 아니었다. 물 위로 떠오른 그녀는 자기도 모르게 입을 잔뜩 벌렸다. 산소가 허파를 채웠다. 그저 벌거벗은 채로 물에 떠 있을 뿐이었다. 호수가의 나무들, 갈대, 짙푸른 하늘이 눈부시기만 했다. 여자는 갑자기 소리를 지르기 시작했다. 힘이 다 빠질 때까지 비명을 질렀다. 죽음을 향해, 외로움을 이기려고, 아픔을 잊기 위해. 살아남게 되리라는 것을 깨달았다. 그리고 이곳이 더 이상 고향이 아니라는 것도.

일주일 뒤 이리나는 오빠의 장례를 치렀다. 아주 평범한 무덤에 나무 십자가를 세웠다. 목사가 죄와 용서 운운하는 동안, 시장은 땅바닥을 노려보며 주먹을 부들부들 떨었다. 이리나는 농장 열쇠를 가장 가까운 이웃에게 넘겼다. 집안 살림살이와 몇 마리 되지는 않지만 가축도 전부 양도했다. 그런 다음 작은 가방과 핸드백만 가지고 그곳을 떠났다. 수도로 가는 버스를 탔다. 절대 뒤를 돌아보지 않았다. 스케치북도 두고 왔다.

수도에 도착한 이리나는 거리와 술집을 다니며 자신을 독일로 밀입국시켜 줄 인간 밀수업자에 관해 물었다. 중개인은 아무 걱정 말라며 그녀가 가진 돈 전부를 털어갔다. 이 사기꾼은 이리나가 안전만 확실히 보장해 준다면 어떤 값이라도 치를 각오가 되어 있다는 것을 이용한 것이다. 그리고 그곳에는 숱한 이리나들이 있었다. 재미가 쏠쏠한 돈벌이였다.

이리나는 다른 여자들과 함께 소형 버스를 타고 서쪽으로 달렸다. 이틀 뒤 버스는 숲속의 빈터에 그녀들을 내려놨다. 여자들은 밤새 걸었다. 시내와 늪을 건너며 여자들을 안내하던 남자는 거의 입을 열지 않았다. 지친 여자들이 더 걸을 수 없게 되자 남자는 여기가 독일이라고 말했다. 기다리던 다른 버스가 그녀들을 베를린으로 데리고 갔다. 버스는 도시 변두리 한적한 곳에 멈췄다. 안개가 스산했고 몹시 추웠다. 이리나는 피곤했지만, 이제는 안전하다고 믿었다.

이후 몇 달 동안 이리나는 고향 출신의 여자와 남자를 알게 됐다. 그들은 이리나에게 베를린이 어떤 곳이며, 관청과 법률이라는 게 무엇인지 설명했다. 이리나는 무엇보다도 돈이 필요했다. 그러나 합법적으로 할 수 있는 것은 아무것도 없었다. 심지어 독일 땅에 머무르는 것조차 불법이었다. 첫 몇 주는 여자들이 그녀를 도왔다. 이리나는 오럴섹스와 성교의 가격이 얼마나 되는지 배웠다. 그리고 쿠르퓌르스텐슈트라세*에 서서 남자들의 눈길을 받았다. 이리나에게 이제 몸은 남의 것만 같았다. 먹고살기 위한 도구나 다름없었다. 중요한 것은 오로지 살아남는 일이었다. 물론 무엇을 위해 살아야 하는지는 자신도 몰랐다. 아무것도 느낄 수가 없었다.

◆ ◆ ◆

그는 매일 거리의 보도블록 위에 앉아 있었다. 이리나는 남자들이 세우는 승용차에 탈 때마다 그를 보았다. 그의 앞에는 플라스틱 잔 같은 게 놓여 있었다. 행인들은 거기에 동전을 던져 넣곤 했다. 이리나는 차츰 이 광경에 익숙해졌다. 그는 언제나 거기에 그렇게 앉아 있었다. 그는 이리나를 보고 미소를 지었다.

◆ 베를린 역에서 멀지 않으며, 고급 호텔들이 즐비한 탓에 거리에서 창녀들이 호객하는 것을 흔히 볼 수 있는 거리.

몇 주 뒤 이리나도 미소로 화답했다.

　겨울이 오자 이리나는 중고품 가게에서 낡은 담요를 한 장 사서 그에게 가져다주었다. 그는 기뻐 어쩔 줄을 몰랐다. "내 이름은 칼레예요." 남자는 이렇게 말하며 자신이 데리고 있던 개를 담요 위에 앉혔다. 그리고 개를 끌어안고는 귀를 힘차게 비벼 줬다. 남자는 신문지 몇 장만 깔고 앉았을 따름이었다. 개를 따뜻하게 안아 주는 동안 얇은 바지를 입은 칼레는 얼어 버릴 것만 같았다. 이리나는 사시나무처럼 떠는 자신의 다리가 느껴졌다. 걸음을 빨리 했다. 모퉁이를 돌아 그곳의 벤치에 앉은 그녀는 무릎을 모으고 거기에 얼굴을 묻은 다음 서럽게 울었다. 이리나는 이제 19살이었다. 누군가 자신을 안아 준 게 아주 오래전이라는 외로움이 뼛속을 파고들었다. 고향의 저 호수에서 울었던 이래 처음으로 흘리는 눈물이었다.

　칼레의 개가 차에 치였을 때 이리나는 거리 반대편에 있었다. 그녀는 거리를 따라 달리는 칼레의 모습을 느린 화면처럼 보았다. 자동차 앞에 무릎을 꿇은 칼레는 개를 부둥켜안고 몸부림을 쳤다. 운전자가 소리를 질렀지만, 칼레는 개를 팔에 안은 채 도로의 한복판을 걸어갔다. 뒤 한 번 돌아보지 않았다. 이리나는 그의 뒤를 따라 달렸다. 그의 아픔이 자기 것처럼 가슴을 찔렀다. 돌연 이리나는 칼레와 자신이 같은 운명을 타고났다는 생각을 했다. 두 사람은 함께 개를 도시 공원에 묻었다. 이리나는 칼레의 손을 꼭 잡아 주었다.

이렇게 해서 모든 게 시작되었다. 언제부턴가 두 사람은 함께 인생을 헤쳐 나가기로 결심했다. 이리나는 지저분하기만 했던 여인숙을 나와 원룸을 마련했다. 세탁기와 텔레비전을 샀다. 이런 식으로 살림살이를 하나둘씩 꾸준히 장만했다. 칼레에게는 이게 처음으로 살아 보는 집이었다. 열여섯 살에 가출을 한 칼레는 그동안 거리에서만 살았다. 이리나는 칼레에게 손수 이발을 해 주었으며, 바지와 티셔츠, 스웨터를 사 주었다. 신발도 두 켤레 선물했다. 칼레는 낮이면 전단지 돌리는 일을 했으며, 저녁에는 술집에서 아르바이트를 했다.

이제는 남자들이 이리나의 집으로 와야만 했다. 이리나는 더 이상 거리에 서 있고 싶지 않았다. 아침에 칼레가 일을 나가고 홀로 남으면 이리나는 옷장에서 따로 마련해 둔 이불을 꺼내 깔았다. 거기에 누워 꼼짝도 않고 손님을 치렀다. 입 한 번 여는 일이 없었다. 오로지 남자의 거친 숨결만 들으며 딴 세상 사람처럼 행동했다. 자신의 과거 이야기는 단 한 번도 하지 않았다.

◆ ◆ ◆

이리나는 죽은 뚱뚱한 남자 때문에 겁이 덜컥 났다. 불법체류자로 걸려 추방을 당하는 것은 아닐까 두렵기만 했다. 일단 여자친구에게 피신하기로 했다. 거기서 칼레를 기다릴 작정이었다. 핸드백만 들고 계단을 뛰어 내려왔다. 주방에 두었던 휴대폰은 깜빡 잊었다.

여느 날 아침처럼 칼레는 자전거를 타고 전단지를 돌리러 나갔다. 그러나 오늘은 일거리를 나누어 주는 남자가 칼레 몫은 없다고 했다. 결국 칼레는 30분 만에 집으로 되돌아왔다. 승강기를 타고 위로 올라갔다. 칼레는 계단을 뛰어 내려가는 이리나의 하이힐 굽이 딸각거리는 소리가 들리는 것 같아 고개를 갸우뚱했다. 그가 원룸의 문을 열었을 때 이리나는 벌써 버스 정류장을 향해 달리고 있었다.

칼레는 두 개의 나무 의자 가운데 하나에 앉아 축 늘어진 뚱보를 바라보았다. 그의 하얀 팬티가 반짝거리는 게 낯설기만 했다. 방바닥에는 칼레가 사들고 온 빵이 뒹굴었다. 여름이었고 좁은 방 안은 덥기만 했다.

칼레는 어찌된 일인지 짐작을 하려고 생각을 집중했다. 이리나는 감옥에 가야만 하리라. 그리고 곧 고국으로 추방당할 게 틀림없다. 아마도 뚱보가 이리나를 때렸던 게 아닐까? 아무런 이유 없이 이런 일을 할 그녀가 아니었다. 칼레는 그녀와 함께 교외선 기차를 따고 떠났던 시골 여행을 떠올렸다. 뜨거웠던 여름 날 그들은 드넓은 초원에 함께 누운 것만으로도 행복했다. 이리나는 어린아이처럼 좋아했다. 칼레 역시 참으로 오랜만에 맛보는 행복감에 뭉클했다. 이제는 자신이 갚아야 할 때다. 칼레는 속으로 다짐했다. 죽은 개가 생각났다. 틈이 날 때마다 그는 공원에 가서 개의 무덤을 살폈다. 개는 두 사람을 이어 준 운명의 끈이었다.

30분 뒤 칼레는 자신의 선택이 결코 좋은 생각이 아니었음을 깨달았다. 그는 팬티까지 벗어던진 알몸이었다. 땀이 뚱보의 몸에서 흘러나온 피와 섞여 욕조를 물들였다. 칼레는 뚱보의 머리에 검은 봉지를 씌웠다. 얼굴을 보고 싶지 않았다. 뼈를 잘라내는 일은 생각처럼 간단한 게 아니었다. 돌연 닭을 잡던 기억이 떠올랐다. 그래서 뚱보의 팔을 꺾어 어깨 뒤로 돌렸다. 한결 간단해졌다. 이제는 근육과 힘줄만 잘라내면 되었다. 어느 틈엔가 팔이 욕실 바닥의 타일에 떨어져 내렸다. 팔은 여전히 손목시계를 차고 있었다. 칼레는 다시금 변기에 얼굴을 박고 토했다. 변기에 물을 내리고 세면대에서 세수를 한 다음, 입을 헹구었다. 물은 차가웠으며, 이빨이 얼얼했다. 톱질을 하면서 너무 이를 악물었던 탓이다. 거울에 비친 자신의 모습을 바라보면서, 칼레는 자신이 거울 앞에 서 있는 것인지 아니면 뒤인지 아리송하기만 했다. 거울 속의 남자가 움직여야 자신도 움직이는 것만 같았다. 세면대를 채운 물이 바닥으로 떨어지며 그의 발을 때렸다. 칼레는 정신이 번쩍 들었다. 다시금 무릎을 꿇으며 톱을 잡았다.

세 시간 뒤 칼레는 사지를 완전히 끊어 냈다. 식료품 상점에 가서 커다란 검은색 쓰레기봉투를 샀다. 계산대의 여점원이 야릇한 눈빛으로 그의 아래위를 훑었다. 칼레는 내내 뚱보의 머리를 어떻게 처치해야 좋을까 하는 물음에만 매달려 있었다. 점원의 눈길을 느끼며 그 생각을 떨쳐 버리려 했으나 허사였다. "뚱보의 목이 붙어 있다면 자전거에 연결하는 수레에 들어가지 않을 텐데……." 칼레는 궁리를 거듭했다. "아이고 못할 거 같아, 나는 할 수 없어!" 가게를 나와 길을 걷는데 두 명의 주부가 수다를 떨고 서 있었다. 교외선 열차가 지나갔으며, 꼬마 사내 녀석이 거리에서 사과 한 알을 축구공처럼 찼다. 칼레는 속에서 욱하고 치미는 것을 참을 수가 없었다. "나는 절대 살인자가 아냐!" 자기도 모르게 큰소리로 외쳤다. 유모차를 밀고 지나가던 젊은 엄마가 화들짝 놀라 칼레를 뒤돌아보았다.

칼레는 다시 한 번 침착하자며 자신을 추슬렀다. 작은 톱의 손잡이는 벌써 짓이겨졌다. 손가락을 베인 칼레는 어린애처럼 비명을 질렀다. 거친 숨을 몰아 쉰 탓일까. 콧구멍이 쓰라리고 아팠다. 칼레는 눈을 질끈 감은 채 톱질을 계속했다. 그는 뚱보의 머리를 자신의 겨드랑이 사이에 끼었다. 쓰레기봉투가 너무 미끌미끌해서 자꾸 미끄러졌기 때문이다. 몸통에서 떼어낸 머리를 든 칼레는 새삼 놀랐다. 머리가 보통 무거운 게 아니었다. 마치 한 자루의 바비큐용 숯을 들고 있는 기분이었다. 왜 하필 지금 숯이 떠오른 것일까? 단 한 번도 숯불구이를 해 본 적이 없는 칼레는 야릇한 기분을 떨칠 수가 없었다.

칼레는 자루를 질질 끌고 승강기로 갔다. 일단 자루로 승강이의 자동 여닫이 센서를 막았다. 그리고 나머지를 부지런히 실어 날랐다. 시체의 토막 개수를 고려해 여러 장의 쓰레기봉투를 마련해 둔 게 다행이었다. 자전거 뒤에 연결하는 수레를 복도에 끌어다 놓았다. 칼레를 지켜보는 사람은 아무도 없었다. 모두 네 자루의 쓰레기봉투를 수레에 실었다. 팔은 배낭에 담아 어깨에 멨다. 수레가 가득 차서 조금이라도 흔들리면 봉투가 흘러내릴 것만 같았다.

칼레는 티셔츠를 새것으로 갈아입었다. 도심 공원으로 가는 데는 20분이 걸렸다. 가는 도중 내내 가느다란 머리카락이 달린 머리통과 팔이 눈앞에 어른거렸다. 등 뒤에서 뚱보의 손가락이 느껴지는 것만 같았다. 등은 땀으로 흠씬 젖었다. 배낭 때문에 자전거에서 몇 번이나 고꾸라졌는지 모른다. 조금만 속도를 내려고 해도 배낭이 흘러내렸다. 칼레는 사람들이 그에게 달려와 소리를 지를 것으로 예상했다. 그러나 아무런 일도 일어나지 않았다. 희한하게 누구도 관심을 갖지 않았다.

칼레는 공원의 풀밭에 벌렁 누워 하늘을 보았다. 마음을 다독이며 진정할 필요가 있었다.

칼레는 풍보를 공원에 묻었다. 삽자루가 부러져 나갔다. 무릎을 꿇고 앉은 칼레는 손으로 이파리들을 그러모아 덮었다. 아무튼 끌어다 댈 수 있는 모든 것으로 구멍을 채웠다. 불과 몇 미터 떨어진 곳이 죽은 개의 무덤이다. 웅덩이가 깊지 않았던 탓에 쓰레기봉투의 끝자락이 삐져나왔다. 칼레는 땀을 뻘뻘 흘리며 그것을 발로 밟고 흙으로 덮었다. 새로 갈아입은 티셔츠는 얼룩으로 지저분했으며, 시커멓게 된 손에서는 피가 흘렀다. 딱히 어디라 할 것 없이 온몸이 가려웠다. 부러진 삽은 근처의 쓰레기통에 처박았다. 그런 다음 거의 한 시간을 공원 벤치에 넋을 놓고 앉아 있었다. 원반던지기 놀이를 하는 대학생들의 모습이 낯설기만 했다.

◆ ◆ ◆

여자 친구에게서 돌아온 이리나는 침대가 텅 비어 있는 것을 보고 가슴이 내려앉는 것만 같았다. 의자에는 여전히 풍보의 잘

개켜진 양복 상하의가 놓여 있었다. 욕실을 둘러본 이리나는 터져 나오는 비명을 막으려고 입을 가렸다. 무슨 일이 벌어졌는지 당장 알아차렸다. 칼레가 그녀를 구하려고 안간힘을 쓴 흔적이 고스란히 남아 있었다. 경찰이 칼레를 찾아내리라. 그리고 경찰은 칼레가 뚱보를 죽인 것을 당연하게 여길 것이다. 독일 사람들은 살인 사건을 철저히 밝혀낸다. 적어도 텔레비전을 보면 말이다. 이리나는 등골이 오싹해졌다. 칼레는 감방에 가리라. 뚱보 남자의 양복 상의에서는 휴대폰 벨소리가 끊임없이 울렸다. 어떤 식으로든 행동을 해야만 했다.

이리나는 주방으로 가서 경찰에 전화를 걸었다. 경찰은 이리나가 무슨 말을 하는지 거의 알아듣지 못했다. 출동한 경찰은 욕실에 들어가 보고 나서 그녀를 체포했다. 시체가 어디에 있냐고 거듭 캐물었지만, 이리나는 무어라 할 말이 없었다. 그녀는 계속 뚱보는 '정상적'으로 죽었다는 말만 되풀이했다. '죽은 심장'이라는 표현을 썼다. 물론 경찰은 그녀의 말을 믿지 않았다. 수갑을 찬 이리나가 집밖으로 끌려나왔을 때 칼레가 도착했다. 그녀는 칼레를 보고 은근히 고개를 저었다. 그러나 칼레는 그녀의 고갯짓이 무얼 뜻하는지 알아보지 못하고 자전거에서 뛰어내려 그녀에게 달려왔다. 경찰은 그도 체포했다. 나중에 칼레는 자신은 아무래도 좋았다고 말했다. 오로지 이리나가 걱정이 되었다고 했다. 이리나 없이 뭘 어떻게 해야 좋을지 몰랐다고 털어놓았다.

◆ ◆ ◆

칼레는 침묵했다. 그는 아무 말도 하지 않는다는 게 어떤 것인지 새삼 배운 사람 같았다. 감옥에 갇혔다고 해서 놀라거나 위축되지는 않았다. 감옥은 칼레에게 도둑질을 했다는 혐의로 종종 드나들던 곳일 뿐이다. 감옥에서 내 이름을 들었던 칼레는 나에게 전화를 걸어 변호를 부탁했다. 무엇보다도 이리나에게 무슨 일이 벌어졌는지 알고 싶어 했다. 자기 자신은 아무래도 좋다고 했다. 돈은 없지만, 여자 친구를 돌봐 달라고 통사정을 했다.

칼레가 자백을 한다면, 중형은 면하리라. 그러나 대체 무엇 때문에 그런 참혹한 짓을 저질렀는지 어떻게 설명을 할 것인가. 그는 거듭 이리나에게 해가 되지 않는지만 물었다. 그는 내 팔을 부여잡고 부들부들 떨며 이리나에게 누를 끼치는 일만큼은 없게 해 달라고 애원했다. 나는 그를 진정시키고 이리나에게 변호사를 찾아 주겠다고 약속했다. 있는 그대로 밝히자고 달랬다. 마침내 그가 동의를 했다.

칼레는 수사관들을 공원의 웅덩이로 데리고 갔다. 그리고 경찰이 땅을 파내고 뚱보의 시신을 짜 맞추는 과정을 지켜보았다. 칼레는 경찰에게 죽은 개의 무덤이 있는 곳도 가리켰다. 개의 유골도 파낸 수사관들은 의아스러운 눈초리로 칼레를 바라보았다. 오해의 소지가 다분했음에도 왜 개 무덤까지 밝혔는지 내막을 짐작이라도 할 경관은 아무도 없었다.

법의학자는 시신의 모든 상처가 이미 죽고 난 다음에 생겨났다고 확인했다. 뚱보의 심장이 조사되었다. 거구의 의원은 심장마비로 사망한 게 틀림없다는 검시 소견이 나왔다. 이로써 살인의 혐의는 깨끗이 사라졌다.

이제 남은 죄는 왜 시신을 그토록 처참하게 토막을 냈는가 하는 부분이었다. 검사는 죽어서 평안히 쉬어야 할 시신의 안녕을 침해했다는 이유를 들어 칼레를 고소했다. 독일 형법은 시신을 훼손하거나 모욕하는 행위를 엄하게 다스리도록 정하고 있다. 더구나 시신에 톱질을 하고 음지에 묻은 것은 더할 수 없는 능욕이라며 검사는 목청을 높였다.

검사의 말에 틀린 것은 없었다. 다만, 사건의 핵심은 그게 아니지 않은가. 정작 중요한 것은 피고가 그런 행위를 택한 동기였다. 칼레의 목적은 어디까지나 이리나를 구하는 것이었지, 시신을 훼손하려는 게 아니었다. 나는 "사랑에서 비롯된 자기 방어적인 행위"였음을 강하게 주장했다. 그리고 연방 대법원의 판례를 제시했다. 사랑을 지키려는 어쩔 수 없는 몸부림을 너그럽게 받아들인 판례는 칼레의 손을 들어주었다. 검사는 눈을 치켜떴지만, 이내 체념한 듯 서류철을 닫았다.

구속 집행 명령이 해제되었다. 이리나와 칼레는 풀려났다. 이리나는 여 변호사의 도움을 받아 난민 인정 신청서를 제출했다. 어쨌거나 결정이 내려질 때까지는 베를린에 계속 머무를 수 있게 된 것이다. 추방당할 위험은 사라졌다.

◆ ◆ ◆

남자와 여자는 침대에 나란히 앉았다. 가택 수색을 하는 동안 옷장의 경첩이 떨어져 나갔는지 문짝이 비스듬히 걸려 있다. 그 밖에 변한 것은 없었다. 이리나는 칼레의 손을 꼭 잡았다. 두 사람은 함께 창밖을 내다보았다.

"이제는 우리가 달라져야만 할 것 같아." 칼레가 말했다. 이리나는 고개를 끄덕였다. 자신이 누린 행운을, 이제 얻게 된 행복을 그녀는 천천히 음미했다.

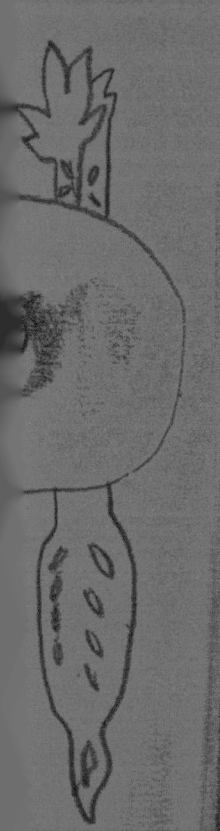
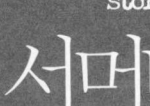

story 6
서머타임

story 6 —— 서머타임

───── 콘수엘라는 손자의 생일에 무얼 선물로 주는 게 좋을까 생각에 잠겼다. 아무래도 요즘 아이들에게 선풍적인 인기를 끌고 있는 게임기가 좋겠다 싶어 오늘 게임기를 사야겠다고 결심했다. 그녀는 아침 7시부터 근무를 하고 있다. 호텔 방을 청소하는 일은 힘은 들었지만, 안정적인 직업이었다. 지금껏 해 온 그 어떤 일보다도 보수가 나았다. 호텔은 평균 이상의 임금을 지급했다. 하긴 도시의 최고급 호텔이라는 명성에 흠이 가지 않으려면 어쩔 수 없는 노릇이었으리라.

이제 남은 방은 239호실 하나뿐이다. 콘수엘라는 근무 일지에 시간을 기록했다. 임금은 청소한 방의 개수에 따라 받지만, 호텔 경영진은 이 근무 일지를 꼭 쓰도록 요구했다. 콘수엘라는 경영진이 요구하는 것은 하나도 거스르지 않았다. 이 일자리를 잃고 싶지 않았다. 그녀는 일지에 '오후 3시 26분'이라고 썼다.

콘수엘라는 초인종을 눌렀다. 아무런 대답이 없다. 노크를 하고 다시 기다렸다. 그래도 반응이 없자 그녀는 전자자물쇠에 카드를 넣었다. 문을 손가락 한 뼘만큼 살짝 열었다. 근무 수칙대로 커다랗게 "청소입니다!" 하고 말했다. 여전히 대답이 없자 그녀는 방 안으로 들어섰다.

 이 스위트룸은 35제곱미터 크기의 공간이다. 전체 색조를 따뜻한 갈색으로 처리했다. 벽에는 베이지색의 벽지를 발랐으며, 바닥에는 밝은 빛깔의 양탄자를 깔았다. 침대는 어지러웠다. 침대 옆 탁자 위에는 뚜껑을 딴 물병이 놓여 있다. 두 개의 오렌지색 긴 팔걸이의자 사이에는 실오라기 하나 걸치지 않은 알몸의 젊은 여자가 누워 있다. 콘수엘라의 눈에는 그녀의 젖가슴만 보였다. 얼굴에는 침대보가 덮여 있었기 때문이다. 밝은색 양탄자의 가장자리에서는 번진 피가 흐르면서 톱니바퀴 무늬의 핏자국을 만들어 놓았다. 콘수엘라는 숨이 멎는 것만 같았다. 심장이 무서운 속도로 뛰었다. 콘수엘라는 조심스럽게 두 발자국 앞으로 나아갔다. 여자의 얼굴을 봐야만 했다. 콘수엘라의 입에서는 비명이 터져 나왔다. 그녀 앞에는 뼈와 머리카락과 눈이 피로 엉켜 형체를 알 수 없는 덩어리가 마주할 뿐이었다. 터진 머리에서 빠져나온 하얗고 끈적거리는 물질이 짙은 갈색의 바닥 위에 점점이 뿌려져 있었다. 콘수엘라가 매일 먼지를 닦아 주는, 쇠로 만든 스탠드가 피로 물든 채 여자의 얼굴 옆에 뒹굴었다.

◆ ◆ ◆

아바스는 한결 마음이 가벼워졌다. 그는 지금 막 모든 것을 털어놓았다. 슈테파니는 자신의 작은 방에서 아바스 옆에 앉아 눈물을 쏟아 냈다.

아바스는 샤틸라에서 자랐다. 샤틸라는 베이루트에 있는 팔레스타인 난민촌의 이름이다. 어려서 그가 놀던 놀이터는 물결무늬 모양의 함석으로 쌓은 바리케이드와 탄알 자국이 무수한 5층 높이의 건물 그리고 유럽산 낡아 빠진 중고차 사이의 빈터였다. 아이들은 운동복 바지에 티셔츠를 입었다. 티셔츠 가슴팍에는 알파벳으로 쓰인 글귀가 어지러웠다. 그게 무슨 뜻인지 아는 사람은 한 명도 없었다. 다섯 살배기 여자애들은 뜨거운 폭염에도 머리에 두건을 썼다. 먹을 것이라고는 얇은 종이에 싸인 따뜻한 빵이 전부였다. 아바스는 대학살이 벌어지고 나서 4년 뒤에 태어났다. 당시 기독교 세력인 레바논 민병대는 수백 명에 달하는 사람들의 목숨을 빼앗고 짓밟았다. 여자들을 닥치는 대로 강간했으며, 심지어 아이들까지 총으로 쏘았다. 누구도 희생자 수를 헤아릴 엄두를 내지 못했다. 공포가 쉽게 씻기지 않을 먹물처럼 번져 있었기 때문이다. 아바스는 거리의 진흙 바닥에 누워 지내는 일이 잦았다. 하늘을 올려다보며 어지럽게 얽힌 전깃줄과 전화선을 하나씩 헤아리곤 했다. 케이블들은 집과 집 사이를 팽팽하게 이으면서 하늘을 갈기갈기 찢어 놓았다.

아바스의 부모는 밀입국을 알선해 주는 조직에 무척 많은 돈을 지불했다. 아바스가 독일에서 미래를 찾을 기회를 주기 위해서 였다. 당시 그의 나이는 열일곱이었다. 물론 그는 망명 자격을 얻지 못했다. 관청은 그에게 노동 허가도 내주지 않았다. 아바스는 독일 정부가 다달이 주는 생활 보조금으로 살았다. 그 밖의 모든 것은 금지되어 있었다. 아바스는 영화관에 갈 수도 없었고, 심지어 맥도널드에서 튀긴 감자 쪼가리 하나 살 수 없었다. 아바스에게는 플레이스테이션은 물론이고 휴대폰도 그림의 떡이었다. 독일어는 거리에서 배웠다. 그는 잘 생긴 청년이었지만, 여자 친구는 꿈조차 꿀 수 없었다. 하긴 밥 한 번 살 수 없는 데 무슨 여자 친구란 말인가. 아바스가 가진 것이라고는 오로지 자기 자신뿐이었다. 그저 하릴없이 앉아 하늘만 바라볼 따름이었다. 일 년 열두 달을 비둘기에게 돌 쪼가리를 던지며 지냈다. 난민 수용소의 한 대밖에 없는 텔레비전을 보거나 쿠담의 명품 상점의 쇼윈도를 서성이는 것도 지겨웠다. 정말이지 죽고 싶으리만큼 지루했다.

어느 틈엔가 그는 절도에 손을 댔다. 그때마다 잡혔다. 세 번의 훈방 끝에 소년법원은 그를 감옥에 가두었다. 감방 시절은 멋졌다. 수많은 새로운 친구들을 사귀었으며, 석방되었을 때 돈 주고도 배울 수 없는 몇 가지 깨달음을 얻었다. 친구들은 그에게 말했다. 너 같은 처지에서 할 수 있는 일이라고는 오로지 마약을 취급하는 것뿐이라고!

마약을 파는 일은 아주 쉬웠다. 더 이상 거리를 떠돌고 싶어 하지 않는 중간 딜러가 그를 고용했다. 아바스의 구역은 기차역 앞이었다. 그는 구역을 두 명의 다른 동료와 나누었다. 처음에 그가 맡은 역할은 이른바 "벙커"였다. 물건을 맡아 가지고 있는 일종의 인간 창고가 "벙커"였다. 아바스는 그램 수에 따라 포장한 마약을 입에 물고 있었다. 동료 가운데 한 명은 "삐끼"라 불렸으며, 손님을 끌어와 협상하는 역할을 맡았다. 세 번째 동료는 돈을 받아 챙겼다. 이들은 그것을 "아르바이트"라고 불렀다.

마약중독자를 그들은 "융키"* 라고 불렀다. 융키는 "갈색" 또는 "흰색"을 요구했다. 값을 치르는 돈은 주로 10유로 혹은 20유로 지폐였다. 모두 훔치거나 구걸하거나 매춘으로 마련한 돈이다. 거래는 빠르게 이루어졌다. 많은 경우 여자들은 돈 대신 몸을 제공했다. 예쁘장하면 아바스는 여자를 데리고 갔다. 처음에는 시키는 대로 거리낌 없이 구는 계집애들이 흥미로웠다. 그러나 그짓도 이내 시들해졌다. 여자들의 눈에 이글거리는 탐욕이 메스꺼웠다. 여자들은 아바스를 원하는 게 아니었다. 그의 호주머니에 있는 약만 얻으면 그뿐이었다.

◆ 융키Junkie는 마약중독이 상당히 진척된 환자를 부르는 말. 영어의 '정크Junk'(쓰레기)에서 온 말이다.

경찰이 오면 잽싸게 도망갔다. 아바스는 사복을 입었더라도 경찰을 알아보는 법을 이내 익혔다. 운동화와 허리춤에 불룩한 권총 지갑만 봐도 금세 알 수 있었다. 게다가 머리 모양도 한결 같았다. 뛰는 동안 아바스는 물건을 삼켰다. 셀로판 봉지를 잡히기 전에 삼킬 수만 있다면, 마약을 소지하고 있었다는 것을 증명하기가 어려워진다. 그럴 때 경찰은 대개 구토제를 안기며 삼키라고 한다. 그리고 곁에 앉아 토해 내는 것을 체로 받을 때까지 기다린다. 새로 온 동료가 죽는 일은 심심찮게 벌어졌다. 위산이 너무 빨리 셀로판을 녹여 버렸기 때문이다.

거리의 마약 거래는 빨랐고 이득이 쏠쏠했으며 그리고 위험했다. 아바스는 마침내 돈을 손에 쥐었다. 매달 정기적으로 많은 액수의 돈을 가족에게 송금했다. 더 이상 지루하지도 않았다. 지금 그가 사랑하는 여자의 이름은 슈테파니였다. 아바스는 디스코텍에서 춤을 추는 슈테파니의 모습을 오래 지켜보았다. 그녀가 등을 돌려 아바스를 바라보았을 때, 거리의 주인 거물 마약상의 얼굴은 새빨개졌다.

물론 슈테파니는 아바스가 마약을 취급한다는 사실을 몰랐다. 아바스는 다음날 아침 호텔방에서 자고 있는 슈테파니를 떠나며 냉장고에 연애편지를 남겨 놓았다. 아바스는 친구들에게 슈테파니가 물을 마시면 그게 목젖을 넘어가는 게 보인다고 말했다. 참

맑고 투명한 미인이라고 자랑했다. 슈테파니는 이내 아바스의 고향이 되었다. 그는 슈테파니 외에 아무것도 없었다. 아바스는 어머니가, 여동생이, 베이루트의 별들이 그리웠다. 과일 가게에서 사과 한 알 훔쳤다고 그의 뺨을 때리던 아버지가 몹시 보고 싶었다. 당시 아바스는 일곱 살이었다. "우리 가족에 범죄란 있을 수 없다." 아버지는 이렇게 말하며 과일 가게 주인을 찾아가 사과값을 치렀다. 용서해 달라고 몇 번이나 머리를 조아리며. 아바스는 자동차 수리공이 되고 싶었다. 아니면 화가나. 목수라도 좋았다. 그 무엇이라도 되고 싶었다. 그러나 이제 그의 직업은 마약상이었다. 그리고 이제 마약을 취급하는 것마저 어려워졌다.

일 년 전 아바스는 처음으로 카지노라는 데를 갔다. 처음에는 친구들과 어울려 그저 으스대고 뻐기면서 예쁜 여자들이나 희롱했다. 제임스 본드처럼 굴었다. 그러다가 모두 말리는 데도 혼자서 게임장 안으로 들어갔다. 슬롯머신이 무척이나 끌렸다. 언제부터인가 아바스는 슬롯머신과 대화를 나누기 시작했다. 슬롯머신은 저마다 독특한 특징을 가지고 있었다. 아마도 신들이 그 성격을 정해 주는 모양이다. 인간에게 운명을 씌워 주듯. 아바스는 자신이 노름에 중독되었다는 것을 깨달았다. 벌써 넉 달째 매일 돈을 잃었다. 잠을 자면서도 아바스는 슬롯머신의 멜로디를 들었다. '잭팟'이 터질 때 울리는 그 멜로디를! 어쩔 도리가 없었다. 슬롯머신 앞에 앉아 돈을 넣어야만 직성이 풀렸다.

친구들은 아바스를 더 이상 마약 거래에 끼어 주지 않았다. 그들의 눈에 아바스는 고객인 융키나 다름없는 중독자였을 뿐이다. 아바스는 친구들에게 돈을 빌리다 못해 훔쳤다. 친구들은 아바스의 미래가 어떤 것인지 훤히 꿰고 있었다. 아바스 역시 그들이 옳다는 것을 알았다. 하지만, 아직 최악의 순간이 온 것은 아니었다.

최악은 단닝거라는 이름으로 찾아왔다. 아바스는 그에게 5천 유로라는 거금을 빌렸다. 조건은 7천 유로를 갚는다는 것이었다. 단닝거는 친절한 남자였다. 그는 누구나 한 번쯤 어려움에 빠질 수 있다고 아바스를 위로했다. 아바스 역시 별 걱정을 하지 않았다. 돈을 분명히 딸 수 있을 거라고 믿었다. 슬롯머신이라고 해서 항상 잃는 것만은 아니었다. 그러나 그것은 아바스의 착각이었다. 돈을 갚기로 한 날 단닝거가 찾아와 손을 내밀었다. 그런 다음 모든 일이 눈 깜빡할 사이에 벌어졌다. 단닝거는 호주머니에서 정원용 가위를 꺼냈다. 아바스의 눈에 노란 플라스틱으로 만든 손잡이가 햇빛을 받아 번쩍였다. 어느 틈엔지 아바스 오른손의 새끼손가락이 바닥에 뒹굴었다. 아픔으로 비명을 지르는 아바스에게 단닝거는 휴대용 화장지를 내밀며 병원으로 가는 가장 빠른 길을 가르쳐 줬다. 단닝거는 여전히 친절했다. 웃는 얼

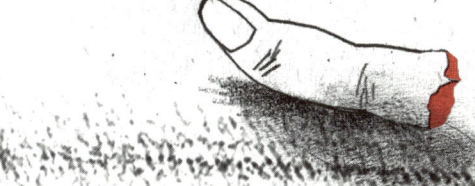

굴로 유감이지만 빚을 인상해야겠다고 말했다. 석 달 안에 1만 유로를 갚지 않으면, 엄지를 잘라 버리겠다고 했다. 그 다음에는 손, 다음에는 팔, 마침내 목이 날아갈 거라며 씩 웃었다. 정말 미안하다고, 너를 좋아하지만, 너는 꽤 괜찮은 녀석이지만, 규칙은 규칙이라고 뇌까렸다. 규칙을 바꿀 수 있는 사람은 아무도 없다고도 했다. 아바스는 단닝거가 농담을 하는 게 아니라는 것을 단 한순간도 의심하지 않았다.

슈테파니는 잃은 돈보다 손가락을 두고 더욱 슬피 울었다. 두 사람은 앞으로 어찌해야 할지 몰라 난감하기만 했다. 하지만, 지금은 적어도 혼자가 아닌 둘이었다. 함께 힘을 모은다면 해결책을 찾아낼 수 있으리라. 지난 2년 동안 두 사람은 거의 모든 문제를 같이 풀어 왔다. 슈테파니는 당장 아바스가 도박중독 치료를 받는 게 좋겠다고 말했다. 그렇지만 돈 문제는 여전히 남았다. 슈테파니는 다시 식당 종업원으로 일하겠다며 비장한 표정을 지었다. 팁으로 받는 돈까지 합치면 매달 1,800유로는 벌 수 있다. 아바스는 "비어가르텐"에서 일하는 슈테파니에게 치근거리는 남자들이 못마땅했지만 달리 어쩔 수가 없었다. 마약 패거리로 되돌아갈 수는 없었다. 그들은 아바스만 봤다하면 두들겨 패 돌려보냈다.

한 달 뒤 두 사람은 1만 유로를 마련하는 게 얼마나 어려운 일인지 분명하게 깨달았다. 슈테파니는 잠을 이루지 못할 정도로 고민을 했다. 어떻게든 해결책을 찾아야 했다. 그녀는 아바스를 잃을까 두려웠다. 슈테파니는 단닝거는 전혀 몰랐지만, 두 주 동안 아바스의 손에 매일 붕대를 갈아 주던 기억을 떠올리고 치를 떨었다.

슈테파니는 아바스를 사랑했다. 그는 그녀가 지금껏 알았던 남자들과 달랐다. 솔직하고 진지했으며, 어딘가 모르게 낯설었다. 친구들은 아바스를 두고 험담을 일삼았지만 슈테파니는 그가 좋기만 했다. 이제 그를 구하려면 뭔가 일을 벌여야만 했다. 사랑에 빠진 여인이 그러하듯 현실을 보는 그녀의 시각은 낭만적인 구석이 있었다.

슈테파니는 팔아서 돈이 될 만한 게 아무것도 없었다. 그렇지만 남자들이 자신을 예뻐한다는 것은 알았다. 평소 '애인 구함'이라는 신문 광고를 보고 웃기만 했던 그녀였다. 그러나 이제 광고를 보고 연락할 생각이었다. 자신의 사랑 아바스를 위해.

최고급 호텔에서 남자를 처음 만났을 때 그녀는 흥분한 나머지 부들부들 떨었다. 여자는 텅 빈 몸뚱이만 있는 것이나 다름없었지만 남자는 그녀를 친절하게 대했다. 애초에 상상했던 것과는 판판이었다. 더욱이 잘 생긴 외모에 깔끔하기까지 했다. 남자가 만지자 몸서리가 쳐졌고, 그를 성적으로 만족시켜 줘야 한다는 게 끔찍하기는 했지만, 어찌어찌 일을 치르기는 했다. 그는 아바스 이전에 알았던 남자들과 조금도 다를 바가 없었다. 다만, 늙었다는 게 차이였을 뿐이다. 슈테파니는 30분이 넘게 샤워를 했으며, 잇몸에서 피가 나올 때까지 이빨을 닦았다. 이제 그녀의 비밀 저금통인 커피 통에는 5백 유로가 늘어났다.

집에 돌아온 슈테파니는 가운을 입고 소파에 앉았다. 몇 번만 더 하면 필요한 돈은 마련이 된다. 그녀는 호텔의 남자 생각을 했다. 그는 다른 세계의 사람이었다. 남자는 일주일에 한두 번 그녀와 만났으면 했다. 그때마다 5백 유로를 내겠다고 했다. 그 정도는 참아 낼 수 있을 것 같았다. 아무런 해도 입지 않을 거라고 자신을 다독였다. 다만, 이 사실을 아바스가 알지 않았으면 싶었다. 돈을 주며 깜짝 놀라게 해줘야겠다고 다짐했다. 숙모가 부쳐 준 돈이라고 둘러댈 생각이었다.

◆ ◆ ◆

페르시 보하임은 피곤했다. 호텔 창밖을 물끄러미 내다보았다. 완연한 가을이다. 바람에 나무에서 낙엽이 우수수 떨어진다. 화창했던 날들은 지나갔다. 베를린은 이제 곧 족히 다섯 달은 잿빛 겨울로 빠져들리라. 여대생은 갔다. 상냥하고 조금 수줍음을 타는 아가씨였다. 하지만, 여자들은 처음에는 다 그랬다. '이건 구질구질할 거 없는 깨끗한 거래에 지나지 않는다!' 남자는 속으로 중얼거렸다. 돈을 주고 자신에게 필요한 섹스를 사는 것일 뿐이다. 사랑 어쩌고 하는 실랑이는 질색이다. 한밤중에 전화를 거는 일도 없다. 선물을 사 달라니 하는 허튼 수작도 없다. 너무 가까워졌다 싶으면 끝내면 그만이다.

보하임은 매춘부를 좋아하지는 않았다. 몇 년 전 딱 한 번 여자를 산 적이 있었다. 그러나 뒷맛이 영 개운치 않았다. 그는 아내 멜라니를 떠올렸다. 그녀는 승마 선수로 꽤 유명했다. 그리고 승마를 즐기는 다른 사람과 마찬가지로 오로지 말을 위해 살았다. 멜라니는 냉정했다. 부부는 이미 오래전부터 서로 아무 말도 하지 않았다. 그저 서로 예의를 지킬 뿐이었다. 공개적인 자리에서는 다정한 척했다. 그런 식으로 사는 데 익숙해졌다. 서로 보는 일도 드물다. 보하임은 아내가 여대생을 용납하지 않으리라는 것을 잘 알았다. 그리고 지금은 이혼할 수 있는 상황이 아니었다. 아들 베네딕트를 생각해서라도 이혼은 할 수 없었다. 녀석이 성인이 되려면 아직 몇 년 더 기다려야 했다. 베네딕트는 엄마에게서 떨어지지 못하는 마마보이였다.

페르시 보하임은 전국적으로 손꼽히는 기업인들 가운데 한 사람이었다. 그는 자동차 부품 공장을 하던 아버지에게서 막대한 재산을 물려받았다. 지금은 여러 대기업의 주식을 다량 소유하고 있으며, 이사 직함만 헤아릴 수 없이 많았다. 그리고 정부의 경제정책 자문위원으로 활동했다.

그는 얼마 뒤에 있을 엘자스• 공장의 인수를 생각했다. 그의 참모들은 인수를 완강히 반대했다. 그러나 이른바 전문가라는 사람치고 경제를 제대로 아는 사람은 없다고 보하임은 코웃음을 쳤다. 변호사와 회계사라는 작자들은 문제만 만들 뿐, 그 어떤 해결책도 제시하지 못한다. 까짓 잘 안 되면 전부 다 팔아 치우고 낚시나 가는 거다 하고 보하임은 생각했다. "언젠가는, 베네딕트가 충분히 자란 다음에는!" 이러저런 생각에 몸을 뒤척이던 보하임은 어느덧 잠에 빠졌다.

◆ ◆ ◆

아바스는 불안했다. 요즘 들어 슈테파니가 평소에는 하지 않던 야릇한 물음을 쏟아내는 게 이상하기만 했다. 혹시 다른 여자는 없냐는 둥, 아직도 자기를 좋아하느냐는 둥, 자신이 마음에 들지

◆ 독일 라인 강 서쪽과 프랑스 북동부를 아우르는 지역. 우리에게는 알자스라는 프랑스 지명으로 알려진 곳이다.

않으면 언제든지 이야기하라는 둥, 아무튼 뭔가 변화가 있는 게 틀림없었다. 이전에는 좀체 듣지 못했던 질문들이었다. 지금껏 섹스를 할 때에만 약간 소극적이었을 뿐, 관계에 있어서는 항상 당당하던 그녀였다. 함께 잠을 잘 때에는 오랫동안 착 붙어 떨어지지 않았으며, 심지어 잠을 자면서도 그를 놓지 않았다. 이것도 예전에는 볼 수 없던 모습이었다.

슈테파니가 잠이 들자, 아바스는 자리에서 일어나 그녀의 휴대폰을 열어 봤다. 종종 하던 짓이다. 전에 못 보던 문자 메시지 기록이 있었다. "PB" 아바스의 머릿속에는 순간 아는 모든 사람의 이름들이 스쳐지나갔다. 그러나 이런 이니셜을 쓰는 사람은 없다. 저장된 문자 메시지를 읽어 보았다. "수요일 12:00, 파크 호텔, 평소처럼 239호실." 바로 "PB"가 보낸 것이었다. 아바스는 주방으로 가서 아무 의자에나 털썩 주저앉았다. 부글부글 끓어오르는 화를 참을 수가 없었다. 평소처럼? 그럼 이게 처음이 아니라는 말이지 않은가. 어떻게 이럴 수가 있을까? 하필 일생일대의 위기를 맞은 지금? 아바스에게 슈테파니는 인생의 전부나 다름없었다. 그만큼 사랑했다. 함께 시련을 이겨 낼 것이라고 굳게 믿어 왔다. 도대체 이 상황을 어떻게 받아들여야 할지 아바스는 난감하기만 했다.

다음 수요일 12시 정각에 아바스는 파크 호텔 앞에 서 있었다. 도시의 최고급 호텔이다. 바로 그게 아바스에게는 문제였다. 호텔 입구의 수위가 그를 막아섰다. 아바스는 그러려니 했다. 자신의 몰골이 호텔 손님 같지 않다는 것은 그도 잘 알았기 때문이다. 게다가 아랍인을 꺼려하는 독일 사람들의 태도가 새삼스러운 것도 아니었다. 아바스는 그저 벤치에 앉아 기다렸다. 두 시간이 지나자 마침내 슈테파니가 호텔에서 나왔다. 아바스는 정면으로 다가가며 그녀의 반응을 살폈다. 놀란 슈테파니의 얼굴이 새빨개졌다.

"여기서 뭐하는 거야?" 그녀가 물었다.

"너를 기다렸어."

"내가 여기 있다는 건 어떻게 알았는데?" 그녀는 아바스가 뭘 더 알까 하는 표정으로 캐물었다.

"네 뒤를 좇았어."

"나를 미행했다고? 미친 거야? 왜 그런 짓을 하는 건데?"

"넌 다른 남자가 있더구나." 아바스의 눈에는 눈물이 그렁그렁했다. 여자의 팔을 잡았다.

"웃기는 소리 하지 마!" 슈테파니는 아바스의 팔을 뿌리치고 광장을 가로질러 달렸다. 뛰면서 마치 영화 속의 한 장면 같다는 생각을 했다.

이내 슈테파니를 따라잡은 아바스가 그녀의 팔을 다시 낚아챘다. "슈테파니, 너 호텔에서 뭐한 거야?"

여자는 자신을 추슬렀다. 이럴 때일수록 정신을 바짝 차려야 한다고 자신에게 타일렀다. "호텔에 취직하려고. 비어가르텐보다 훨씬 많이 주거든." 더 좋은 생각은 떠오르지 않았다.

물론 아바스는 슈테파니의 말을 믿지 않았다. 광장 한복판에 서서 남녀는 큰소리로 다투었다. 여자는 얼굴을 들 수 없이 창피했다. 아바스는 계속 소리를 질러 댔다. 슈테파니는 그의 팔을 잡아끌었다. 언제부터인가 아바스는 조용해졌다. 둘은 집으로 갔다. 아바스는 식탁에 앉아 차를 마셨다. 아무 말도 하지 않았다.

◆ ◆ ◆

보하임은 슈테파니를 벌써 두 달째 만나오고 있다. 여대생은 이제 부끄러워하지 않았다. 말을 잘 들었다. 아마도 지나치리만큼 잘 들었다. 슈테파니는 두 주 전 남자 친구가 미행을 했다고 그에게 말했다. 보하임은 순간 긴장했다. 이제는 관계를 끝낼 때가 왔다고 생각했다. 이런 관계에 남자 친구가 끼어드는 것은 골치 아픈 일이다. 질투에 불타는 남자는 무슨 짓을 벌일지 몰랐다.

오늘은 회의가 길어지는 통에 너무 늦었다. 카폰을 들어 그녀의 번호를 눌렀다. 그녀의 목소리를 듣는 건 언제나 기분이 좋았다. 곧 도착할 거라고 말했다. 여자는 달뜬 목소리로 이미 알몸이라고 아양을 떨었다.

호텔의 지하 차고에 들어서면서 보하임은 전화를 끊었다. 오늘이 마지막이라고 말할 작정이었다. 오늘 끝내는 게 최선이었다. 보하임은 오래 망설이는 남자가 아니었다.

◆ ◆ ◆

수사 기록철은 책상 위에 펼쳐져 있다. 서류는 형사 사건이 흔히 그렇듯 붉은 종이 서류함에 두 권으로 철이 되었지만, 계속 늘어날 전망이다. 기록은 부장검사 슈미트의 마음에 들지 않았다. 그는 눈을 감고 의자 깊숙이 허리를 묻었다. "이제 여덟 달만 참으면 은퇴다." 슈미트는 혼잣말로 중얼거렸다. 슈미트는 올해로 열두 해째 베를린 검찰청의 강력 사건 전담 검사를 맡아 왔다. 이제는 할 만큼 했다고, 모든 게 지겹다고 슈미트는 고개를 절레절레 흔들었다. 그의 아버지는 브레슬라우 출신이다. 슈미트는 자신이야말로 골수 프로이센 남자라고 여겼다. 냉정하고 철저했다. 그는 자신이 수사하는 범죄자를 미워하는 일이 없었다. 그저 그게 자신이 맡은 일이라고 여겼다. 그는 더 이상 큰 사건을 원하지 않았다. 평범한 살인 사건이나 가족 사이의 드라마 같은 빨리 해결할 수 있는 사건을 맡길 바랐다. 검찰총장에게 장문의 보고서를 써야만 하는 사건 따위는 딱 질색이었다.

지금 슈미트 앞에 놓여 있는 것은 보하임 구속영장 신청서였다. 슈미트는 아직 서명을 하지 않았다. "이게 나가는 날이면 언론이 한바탕 난리법석을 떨겠군." 슈미트는 혀를 끌끌 찼다. 벌써 몇몇 대중지는 고급 호텔의 벌거벗은 여대생 사진을 대문짝만 하게 실어 놓았다. 자동차 부품 전문 회사, '보하임 베르크'의 회장이자 여러 기업의 대주주인 페르시 보하임이 구속을 당한다면 무슨 일이 벌어질지 눈앞에 훤히 그려졌다. 아마도 그런 지옥이 따로 없으리라. 검찰청 대변인은 매일 무엇은 말하고 무얼 말하면 안 되는지 윗선의 명령을 받느라 얼이 나갈 것이다.

슈미트는 한숨을 쉬며 새 동료가 써 놓은 기록을 다시 한 번 살폈다. 신참은 괜찮은 친구였다. 열정도 약간 있어 보였다. 그러나 젊음의 열정은 몇 해 가지 못하고 식어 버릴 게 틀림없다.

보고서는 그동안의 수사 기록을 일목요연하게 요약한 것이다.
슈테파니 벡커는 15시 26분에 사망한 채 발견되었다. 그녀의 머리는 여러 차례 강타당한 끝에 파열되었다. 범행 무기는 호텔

방의 표준 설비에 속하는 스탠드이다. 주철로 만든 쇠기둥은 무척 단단하다. 법의학의 표현을 빌리면, "둔탁한 타격"이 직접적인 사망 원인이다.

희생자가 휴대폰으로 마지막 통화를 한 사람은 페르시 보하임이다. 시체가 발견된 다음날 보하임은 자신의 사무실에서 살인 사건 전담 수사반의 수사관 두 명의 방문을 받았다. 몇 가지 "절차상의 질문"이 이어지고 난 다음, 본격적인 이야기가 오갔다. 보하임은 그 자리에 회사의 전속 변호사를 배석하게 했다. 경찰의 보고서를 보면 보하임은 별다른 반응을 보이지 않았다고 한다. 수사관들이 사망자의 사진을 내밀자 그는 여자를 모른다고 잡아뗐다. 통화를 한 것은 번호를 잘못 눌렀기 때문이라고 둘러댔다. 통화 장소도 마침 호텔 주변에서 운전을 한 탓에 빚어진 우연일 뿐이라고 했다. 경찰은 그의 진술을 사무실에서 그대로 받아 적었으며, 보하임은 그것을 일독하고 서명을 했다.

이때 이미 통화가 거의 1분 가까이 지속된 것은 잘못 걸린 전화로 볼 수 없다는 점을 수사관들은 주목해야 했다. 그럼에도 그들은 보하임에게 별다른 의문을 제기하지 않았다. 물론 나중에는 희생자의 휴대폰에 보하임의 전화번호가 저장되어 있다는 것을 확인했다. 이로써 보하임은 혐의를 피할 수 없게 되었다.

현장에서 채취한 단서들의 감식 결과가 나온 것은 그 다음날이다. 죽은 여자의 성기와 가슴에서 나온 정액도 DNA 분석을 마쳤다. 유전자 데이터뱅크에서 DNA가 일치하는 것은 없었다. 보하임은 구강 점막의 표본을 제출해 달라는 요청을 받았다. 그의 DNA는 신속하게 분석되었으며, 단서로 확보된 정액의 그것과 일치했다.

이상이 보고서의 요점이었다.

노란 표지의 기록은 부검 사진들을 담아 놓은 것이었다. 슈미트는 언제나 그랬지만 이런 사진을 보는 걸 가장 꺼려했다. 그저 쓱 훑었음에도 참상이 한눈에 들어왔다. 푸른 배경의 너무 선명한 사진은 강제로 눈앞에 들이대야 가까스로 볼 수 있는 끔찍한 것이었다.

슈미트는 법의학을 배우기 위해 들였던 많은 시간들을 떠올렸다. 부검실에서는 외과용 메스와 실톱이 사각사각 아주 조용한 소리를 낼 뿐이다. 의사들은 온전히 집중한 채 일체의 과정을 녹음기에 불러 준다. 부검용 탁자 위에서 농담을 주고받는 것은 범죄 소설이나 영화에서나 나오는 것이다. 시체가 부패할 때 나는 전형적인 냄새 하나만으로도 슈미트는 도저히 적응할 수 없었다. 의사들도 대개 사정은 다르지 않았다. 그렇다고 코밑에 멘톨을 바를 수도 없었다. 대부분의 단서는 냄새만으로도 그 정체가 밝혀지기 때문이다. 젊은 검사 시절 슈미트는 시체의 잘린 목에서 피를 뽑아 무게를 재거나 빼낸 장기를 다시 원위치로 돌려놓으면서 참지 못하고 게워 낸 게 한두 번이 아니었다. 나중에 슈미트는 부검을 하고 난 시체를 다시 꿰매는 것도 일종의 예술이라는 것을 깨달았다. 법의학자들이 평소 왜 그렇게 진지한지도 충분히 공감이 갔다. 그것은 일종의 별천지였으며, 그게 곧 자신의 세상임을 슈미트는 몇 차례나 곱씹었는지 모른다. 슈미트는 법의학 실장과 아주 절친하게 지냈다. 나이도 거의 같았다. 두 남자가 술잔을 기울이면서 일과 관련된 이야기를 하는 경우는 결코 없었다.

부장검사 슈미트는 두 번째로 한숨을 쉬었다. 그런 다음 구속영장 신청서에 서명을 했다. 이제 신청서는 예심판사에게 넘어갈 것이다.

불과 두 시간 만에 판사는 구속영장을 발부했다. 그로부터 여섯 시간 뒤 보하임은 그의 저택에서 체포되었다. 동시에 뒤셀도르프, 뮌헨, 베를린, 쥘트◆ 등지에 있는 그의 사무실과 집을 수색했다. 경찰의 수사는 일사불란하게 이루어졌다.

구속영장을 집행하는 현장에는 변호사 세 명이 나타났다. 이들은 예심판사의 조그만 방까지 밀어닥쳤다. 판사의 사무실에 나

◆ 북해에 있는 섬. 아름다운 경관과 맑은 공기로 유럽의 부호들이 즐겨 찾는 휴양지이다.

타난 변호사들의 모습이 그렇게 낯설 수가 없었다. 이들은 모두 민법 변호사였다. 기업 합병과 분쟁 조정을 담당하는 국제법 전문가들로 상상을 초월하는 연봉을 받았다. 그러나 이들 가운데 법정에 서 본 사람은 아무도 없었으며, 형법을 마지막으로 다뤄 본 게 법대를 다닐 시절이었을 게 틀림없었다. 이들은 도대체 어떤 신청을 해야 하는지조차 몰랐다. 그 가운데 한 명이 날을 세운 위협적인 목소리로 정계의 인맥을 동원하겠다고 으름장을 놓았다. 판사는 미동도 하지 않고 그 변호사의 얼굴을 빤히 노려보았다.

멜라니 보하임은 판사 방 앞의 나무 의자에 앉아 있었다. 그녀에게 남편을 볼 수 없을 거라고 말한 사람은 아무도 없었다. 아직 공판 날짜가 정해지지도 않았기 때문이다. 변호사들의 충고에 따라 보하임은 구속영장을 본 순간부터 묵비권을 행사했다. 변호사들은 판사에게 백지수표를 내밀었다. 그리고 5천만 유로◆까지는 은행이 지불 보증을 선다는 확인서도 보여 줬다. 돈의 액수를 들먹이는 변호사들 앞에서 예심판사는 버럭 화를 냈다. 유전무죄냐고 눈을 흘겼다. 보석금 신청은 일거에 기각했다. 판사가 "여기가 미국인 줄 아쇼?" 하고 쏘아붙이며 구속적부심사를 신청할 거냐고 물었다.

◆ 약 780억 원

부장검사 슈미트는 옥신각신하는 동안 아무 말도 하지 않았다. 그는 그저 처절한 싸움의 시작을 알리는 종소리를 들은 것만 같아 입맛을 다셨다.

◆ ◆ ◆

페르시 보하임은 꽤나 인상적인 남자였다. 체포되고 하루 뒤에 나는 형무소로 가서 그를 면회했다. 그의 회사 법무 팀이 나에게 그의 변호를 맡아 달라고 부탁했던 것이다. 면회실의 의자에 앉아 기다리던 보하임은 나를 보자 반갑게 인사를 했다. 면회실이 마치 그의 집무실처럼 여겨지는 모양이었다. 우리는 마주 앉아 정부의 엇나간 세무 정책과 자동차 업계의 미래를 두고 환담을 나눴다. 기업의 환영 만찬에서 손님을 맞는 주인의 미소와 여유가 그의 얼굴에 흘러 넘쳤다. 살인 사건으로 재판을 기다리는 피고의 모습은 어디에도 찾아볼 수 없었다.

이야기가 본격적인 주제로 접어들자 보하임은 곧장 경찰의 질의에 답하는 과정에서 자신이 사실과는 다른 이야기를 했다고 털어놓았다. 아내를 의식해서 가정을 지키려는 의도였다고 덧붙였다. 계속된 나의 물음에는 모두 정확하고 간명하게 대답했다. 조금의 망설임도 없었다.

슈테파니 벡커는 물론 알고 있다고 말했다. 애인이었다고 했다. 신문에 '애인 구함'이라는 광고를 내서 알게 되었다고 겸연쩍은 표정을 지었다. 섹스를 할 때마다 돈을 지불했다고 확인했다. 슈테파니는 상냥한 여대생이었다고, 학교를 졸업하고 나면 회사에 인턴 자리를 줄까 생각을 한 적이 있다고 말했다. 왜 몸을 파는지 하는 질문은 하지 않았지만, 자신이 그녀의 유일한 고객이라는 것은 확실히 알 수 있었다고 했다. 처음에는 쑥스러워하고 부끄러움을 탔지만, 만남의 횟수가 거듭되면서 그런 순수함은 이내 녹아 없어졌다고 했다. "지금 이런 이야기를 하자니 꽤나 추잡하게 들리는 군요. 그렇지만 일어난 일은 일어난 일이죠. 이제 와서 어쩌겠습니까." 이렇게 말하는 보하임의 표정이 무척 쓸쓸해 보였다. 그는 슈테파니를 좋아했던 것이다.

사건이 일어난 날 보하임은 13시 20분까지 회의를 했다. 그리고 13시 45분에 호텔에 도착했다. 슈테파니는 이미 기다리고 있었고, 둘은 섹스를 했다. 그런 다음 남자는 샤워를 하고 호텔을 나왔다. 다음 회의를 준비하기 위해 혼자 있고 싶었다. 방에 남은 슈테파니도 샤워를 하고 출발할 생각이었다. 15시 30분에는 가야 한다고 말했다는 것이다. 보하임은 약속한 대로 현찰 5백 유로를 그녀의 핸드백에 끼워 주었다.

스위트룸 옆의 승강기를 타고 보하임은 곧장 지하 차고로 내려

갔다. 승용차까지 가는 데는 많이 걸려야 2분이다. 약 14시 30분에 그는 호텔을 떠났다. 베를린의 가장 큰 도시 공원인 '티어가르텐'◆으로 갔다. 거기서 한 시간 동안 산책을 하며 슈테파니와의 관계를 어찌하면 좋을지 생각했다고 한다. 관계를 어떻게 끝내야 하나 고민을 했다는 것이다. 휴대폰은 꺼 두었다고 했다. 방해를 받고 싶지 않았다는 것이다.

16시에 쿠담에서 열린 회의에 참석했다. 회의에는 네 명의 신사가 참여했다. 14시 30분에서 16시까지 보하임은 누구도 만나지 않았으며, 전화를 한 적도 없었다. 호텔을 떠날 때에도 마주친 사람은 없었다.

형사 사건의 의뢰인과 변호사처럼 묘한 관계도 따로 찾아보기 힘들다. 변호사라고 해서 정말 무슨 일이 벌어졌는지 언제나 알고 싶어 하는 것은 아니다. 아마도 오늘날 형사재판 체계가 사정을 이렇게 만들었으리라. 이를테면 의뢰인이 베를린에서 살인을 했다는 것을 아는 변호사는 범행이 벌어지던 날 의뢰인이 뮌헨에 있었다고 증언하는 증인의 얼굴을 차마 마주 볼 수가 없다. 마치 지붕을 타고 걷는 것처럼 아슬아슬하기 때문이다. 천연덕

◆ 베를린 심장부에 위치한 공원. 원래 브란덴부르크 선제후의 사냥터로 꾸며진 숲이던 것이 오늘날 면적만 210헥타르에 이르는 엄청난 규모의 공원으로 변모했다. 분단 시절에는 동서를 가르는 경계의 역할도 했다.

스럽게 거짓말을 하는 것을 지켜보기란 여간 곤욕스러운 일이 아니다. 그래도 자본주의 사회의 변호사는 고객의 편을 들 수밖에 없다. 물론 최선은 진실을 아는 것이다. 사건이 일어난 정확한 정황만 알고 있어도 혹 억울한 판결을 당할 수 있는 의뢰인을 보호하는 데 적잖은 도움이 된다. 의뢰인이 정말 무죄일까 하는 의문은 중요한 게 아니다. 변호사의 1차적인 임무는 의뢰인의 변호이기 때문이다. 그 이상도 그 이하도 아니다.

보하임의 설명이 맞는다면 그는 호텔방을 14시 30분에 나간 게 된다. 청소부가 시체를 발견한 것은 15시 26분이다. 거의 한 시간이라는 시차가 난다. 56분이면 진짜 범인이 방에 들어와 여자를 죽이고 청소부가 오기 전에 사라질 충분한 시간이다. 그러나 보하임의 진술을 뒷받침할 증거는 없다. 경찰의 첫 심문에서 묵비권을 행사했던들 상황은 한결 간단했으리라. 순간을 모면하려는 거짓말 때문에 그의 처지는 더 꼬이고 말았다. 다른 범인을 이야기하기에는 아무런 단서가 없다. 나는 법정이 충분한 심리 끝에 보하임을 유죄로 판결하는 일은 없을 거라고 봤다. 그러나 지금 당장 법관이 구속 명령을 철회하기는 힘들다. 혐의를 벗을 증거를 찾는 게 급선무였다.

◆ ◆ ◆

이틀 뒤 예심판사가 전화로 구속적부심사 일자를 잡자고 했다. 우리는 이튿날로 약속을 잡았다. 나는 사무실 직원을 시켜 관련 서류를 가져오게 했다. 검찰의 열람 허가는 이미 받아 둔 상태였다.

서류에는 새로운 수사 기록이 첨부되어 있었다. 피해자 휴대폰에 저장된 전화번호의 주인들이 차례로 경찰의 조사를 받은 것이다. 슈테파니 벡커와 아주 가까운 사이였다는 한 여자 친구는 그녀가 무슨 이유로 매춘을 했는지 비교적 자세하게 경찰에 털어놓았다.

그러나 더욱 흥미로운 사실은 그동안 경찰이 아바스의 존재를 알아냈다는 점이었다. 그는 절도와 마약 거래로 전과가 있었으며, 2년 전에는 폭행으로 구속되기도 했다. 디스코텍에서의 패싸움에 휘말린 것이다. 경찰은 아바스를 철저히 심문했다. 그는 질투 때문에 슈테파니를 호텔 앞까지 쫓아간 적은 있지만, 여자의 설명으로 오해를 풀었다고 했다. 아바스를 심문한 조서는 수십 장에 이르렀으며, 각 줄마다 수사관의 불신과 의심이 진하게 배어 나왔다. 그러나 동기만 있었을 뿐, 구체적 증거는 전혀 찾아내지 못한 상태로 심문은 마무리됐다.

오후 늦게 나는 부장검사 슈미트를 그의 사무실에서 만났다. 그는 늘 그랬듯 프로다운 친절함으로 나를 맞아 주었다. 슈미트

역시 아바스에게서 좋지 않은 느낌을 받았다고 했다. 살인, 그것도 치정살인에는 질투만큼 강력한 동기가 없다는 것이다. 아바스가 범인일 가능성은 배제할 수 없다고 검사는 힘주어 말했다. 그는 호텔을 알고 있었고, 피해자는 그의 여자 친구였으며, 특히 호텔에서 다른 남자와 잠을 잤다. 나는 슈미트에게 보하임이 왜 거짓말을 했는지 모르겠다고 하면서 다음의 말을 덧붙였다. "여대생이랑 자는 게 범죄는 아니잖아요."

"그렇죠, 그러나 보기 좋은 일도 분명 아니죠."

"그렇다고 거짓말까지 해야 했을까요? 간통은 더 이상 법적 처벌 대상이 아닙니다." 몇 년 전 부하 여 검사와 바람을 피우는 바람에 곤욕을 치른 적이 있는 슈미트의 표정이 떨떠름했다. 이른바 "슈미트 스캔들"은 모아비트◆ 사람이라면 누구나 아는 이야기이다. "이상한 건 말이죠, 보하임이 그녀를 죽여야 할 아무런 이유가 없다는 점이에요. 그렇지 않습니까?"

"그건 제가 보기에도 그래요. 하지만, 당신도 아시다시피 제게 동기라는 건 그리 중요하지 않습니다." 슈미트는 여전히 생각에 잠긴 투로 말했다. "결정적인 것은 경찰에게 어째서 그렇게까지 거짓말을 했을까 하는 점이죠."

"물론 그에게 혐의가 없다는 건 아닙니다. 하지만, 그게 뭘 증

◆ 검찰청이 자리하고 있는 베를린 지역 이름.

명하죠? 그리고 본격적인 공판에 접어들면 보하임의 첫 진술은 그리 중요한 게 아닙니다."

"아하? 그래요?"

"경찰은 이미 사건 당시의 전화 통화 기록을 조사했습니다. 그가 사망자와 오래 통화한 건 당신도 아시죠? 통화 기록에 따르면 당시 보하임은 호텔 근처에 있었습니다. 그리고 그는 여대생이 죽은 호텔방을 미리 잡아놨었죠. 다시 말해서 경찰은 실수를 저질렀습니다. 보하임을 용의자로 보고 심문을 했어야 합니다. 그러나 경찰은 그를 그저 참고인으로만 조사를 했습니다. 증인으로서의 권리만 일러 줬을 뿐, 묵비권에 대해 경찰은 한 마디도 하지 않았단 말입니다. 이런 마당에 법정에서 그 첫 진술은 의미 있는 증거로 받아들여지지 않습니다."

슈미트는 묵묵히 수사 기록만 들추었다. "당신이 옳소." 마침내 이렇게 말하며 슈미트는 서류를 밀쳤다. 그는 변변치 못한 경찰에 화가 난 모양이었다. 아무튼 경찰이 일을 처리하는 방식은 언제나 허점투성이였다.

"그밖에 범행 도구, 그러니까 여대생을 가격한 스탠드에서는 그 어떤 지문도 나오지 않았어요." 나는 다시금 오금을 박았다. 현장감식반이 확보한 것은 단지 슈테파니의 DNA였을 뿐이다.

"맞는 말이오." 슈미트가 대답했다. "그러나 여자의 성기에서 나온 정액은 확실히 당신 의뢰인의 것입니다."

"아니, 검사님! 지금 그게 중요한 게 아니죠. 그래 남자가 여자에게 사정을 하고, 그런 다음 고무장갑을 끼고서 스탠드를 들어 때려죽인다? 그게 말이 된다고 생각하세요? 보하임은 그럴 정도로 미치광이 바보가 아닙니다."

슈미트의 눈썹이 꿈틀했다.

"다른 모든 단서들도 마찬가집니다. 물 잔이나 문, 창틀 등에서 채취했다는 지문도 보하임이 호텔을 이용했다는 증거일 뿐, 범행에는 아무런 관련이 없죠. 분명 그런 증거로는 판사가 보하임이 무죄라고 판단할 겁니다, 안 그렇습니까?" 나는 이렇게 말을 맺었다.

우리는 거의 한 시간가량 얘기를 나누었다. 마침내 부장검사 슈미트가 말했다.

"한 가지 조건이 있습니다. 구속적부심사를 할 때 보하임이 사망자와의 관계를 솔직하게 상세하게만 털어놓는다면, 수감 명령은 내일 철회하도록 하지요."

그는 자리에서 일어나 작별 인사로 내게 손을 내밀었다. 문턱에 선 나에게 그가 다시 말했다. "하지만, 보하임은 여권을 우리에게 제출하고 높은 액수의 보석금을 내야만 하오. 그리고 일주일에 두 번 경찰에 출두해 근황을 알려야만 합니다. 동의하시오?"

물론 나는 동의했다.

내가 방을 나설 때 슈미트는 만족한 표정이었다. 보하임이 풀려나면 사건은 진정 국면으로 접어들리라 본 것이다. 아무튼 보하임의 회사 변호사들은 더 이상 소동을 피우지 않으리라. 사실 슈미트는 보하임을 범인이라고 보지 않았다. 페르시 보하임은 헤아리기도 어려울 정도로 여러 차례 여대생의 머리를 가격할 만큼 광적인 미치광이는 아니었기 때문이다. '하지만, 인간을 어찌 속속들이 알겠어?' 슈미트는 속으로 중얼거렸다. 바로 그래서 슈미트 역시 범행의 동기를 밝혀내는 게 이 사건을 푸는 결정적인 열쇠라고 생각했다.

두 시간 뒤 슈미트가 사무실 문을 잠그고 나서려는 데 전화벨이 울렸다. 그는 투덜거리며 되돌아가 전화를 받았다. 특별수사반의 수사반장 전화였다. 6분 뒤 전화를 끊으며 슈미트는 손목시계를 보았다. 그런 다음 상의 호주머니에서 만년필을 꺼내 전화 내용을 메모지에 적었다. 그리고 메모지를 사건 기록 맨 앞장에 붙였다. 불을 끈 슈미트는 한동안 어둠 속에서 생각에 잠겨 앉아 있었다. 그는 이제 확실히 알았다. 페르시 보하임이 살인범이라는 사실을!

◆ ◆ ◆

　다음날 나는 다시 사무실로 와 달라는 슈미트의 연락을 받았다. 책상에 놓여 있던 사진을 내 쪽으로 미는 그의 표정은 어딘지 모르게 서글펐다. 사진은 승용차에 타고 있는 보하임의 얼굴을 명확하게 보여 줬다. "호텔 주차장 출구에 설치된 감시 카메라가 찍은 사진이오. 아주 높은 해상도를 자랑하는 카메라죠." 슈미트가 설명했다. "차고를 벗어나는 당신 의뢰인을 찍었더군요. 이 사진은 오늘 아침에 받았습니다. 수사반장이 어제 우리 얘기가 끝난 다음 전화를 했더라고요. 어제는 전화를 드리기에 너무 늦은 시간이었습니다."

　나는 의아한 표정으로 슈미트를 바라보았다.

　"사진 밑을 보세요. 첫 번째 사진 밑을 보면 시간이 찍혀 있습니다. 비디오카메라는 언제나 시간을 함께 기록하게 되어 있죠. 시간은 정확히 15시 26분 55초로 나옵니다. 우리는 카메라의 시계를 점검해 봤습니다. 정확하더군요." 슈미트는 잠깐 뜸을 들였다. "청소부가 사망자를 발견한 시간은 15시 26분입니다. 이 시간 역시 정확합니다. 전화로 경찰에 신고한 시간이 15시 29분이라는 것으로도 정확성은 입증됩니다. 유감이지만 다른 범인은 생각할 수 없겠군요."

나로서도 구속적부심사 신청을 철회하는 것 외에는 달리 방법이 없었다. 보하임은 재판을 받을 때까지 미결수로 감방에 머물러야만 했다.

◆ ◆ ◆

이후 나는 공판 준비로 바빠졌다. 내 법무 법인의 모든 변호사들이 달려들어 아무리 사소한 기록이라도 빠짐없이 철저하게 검토했다. 휴대폰 통화 내역, DNA 분석, 차고의 카메라 등등. 수사반의 솜씨는 훌륭했다. 거의 실수를 찾아볼 수 없을 정도로 완벽했다. 심지어 '보하임 베르크'는 사설탐정까지 고용했지만, 달라지는 것은 아무것도 없었다. 새로운 게 전혀 나오지 않았다. 보하임은 많은 불리한 증거들에도 자신의 이야기만을 고집했다. 전망이 아주 나빴음에도 그는 밝게 생각했으며 여유를 잃지 않았다.

경찰의 수사는 우연이란 없다는 믿음에서 출발한다. 그리고 수사의 95퍼센트는 사무실에서 이뤄진다. 모아 온 증거를 검토하고, 증인을 심문하며, 조서를 작성한다. 영화나 드라마에서 보는 것처럼 고함을 지른다고 범인이 자백을 하리라고 믿는다면 착각이다. 현실에 그런 범인은 없다. 현실이 그리 간단하다면 얼마나 좋으랴! 그리고 피 묻은 칼을 손에 들고 시체 위에 허리를 숙이고 있는 남자가 있다면, 그는 살인범이다. 그 어떤 이성적인 경찰관도 그 남자가 우연히 지나가다가 시체에서 칼을 빼 희생자를 도우려 한다고 생각하지는 않는다. 살인 사건 수사관이 흔히 내뱉는 "해결책은 간단하다!"는 말은 시나리오 작가가 지어낸 것이다. 오히려 그 반대가 진실이다. 눈에 보이는 게 가장 그럴 듯한 것이다. 그리고 거의 대개 그게 맞다.

반대로 변호사는 수사관이 지어 놓은 증거라는 가건물에서 될 수 있는 한 틈새를 찾아내려 노력한다. 우연은 변호사의 친구이다. 성급하게 그럴싸한 겉보기를 진리라고 고집하는 것을 막는 게 변호사에게 주어진 임무이다. 어떤 경관은 대법원 판사에게, 변호사는 정의라는 이름의 자동차에 장착된 브레이크처럼 자꾸 제동만 건다는 말을 한 적이 있다. 이때 법관은 브레이크가 없는 자동차가 얼마나 위험하겠느냐고 반문했다. 형사 재판은 이런 힘겨루기의 테두리 안에서만 이뤄질 수 있다.

그러니까 우리는 의뢰인을 구할 수 있는 우연을 찾는 데 혈안이 되었다.

보하임은 성탄절과 신년을 감옥에서 맞아야만 했다. 부장검사 슈미트는 보하임에게 상당히 관대한 면회 시간을 허락해 주었다. 그는 감옥에서 회사의 경영진, 회계사, 법조인 등을 맞았다.

사람들은 이틀마다 그를 찾아왔으며, 보하임은 감방에서 회사를 이끌었다. 회사의 이사진과 임원들은 공개적으로 보하임에게 충성을 맹세했다. 그의 아내 역시 규칙적으로 면회를 왔다. 다만, 아들의 면회만큼은 포기했다. 베네딕트는 감방에 갇힌 아버지를 봐서는 안 된다는 거였다.

아무튼 이제 나흘 앞으로 다가온 재판의 전망은 여전히 어두웠다. 몇 가지 소송 절차에 관련한 이의 신청 외에는 성공적인 변호를 약속해 줄 실마리는 하나도 찾아내지 못했다. 형사 재판에서 흔히 볼 수 있는 거래라는 것도 전혀 생각할 수 없었다. 계획적인 살인의 경우 형량은 무기징역이다. 우발적인 폭행으로 피해자가 사망했을 때는 5년에서 최장 15년의 징역을 살아야 한다. 내가 판사와 협상을 벌일 수 있는 구실은 아무것도 없었다.

비디오카메라가 찍은 것을 인화한 사진은 법무 법인의 회의실 탁자에 벌써 몇 달째 놓여 있다. 카메라에 잡힌 보하임의 얼굴은 너무나 선명해서 오히려 이상할 정도였다. 그의 왼손은 차단기를 여는 단추를 누르고 있다. 차단기가 열리고 승용차가 카메라를 통과한다.

그때 번뜩 내 머릿속이 환하게 밝아졌다. 해결의 열쇠는 이미 넉 달째 기록 안에 분명한 자태를 드러내고 있었던 것이다. 그리고 그것은 무척 간단했다. 너무 쉬워서 웃음이 날 지경이었다. 우리는 모두 그 간단한 것을 흘려 본 것이다.

◆ ◆ ◆

재판은 모아비트 법정의 500호실에서 열렸다. 검사는 살인에 혐의를 둔 공소장을 읽었다. 검찰을 대표하는 사람은 부장검사 슈미트였다. 그가 공소장을 읽는 동안 법정은 쥐 죽은 듯 조용했다. 이어 피고 보하임의 진술을 들었다. 그는 아주 준비를 잘해 둔 덕에 한 시간 넘게 메모도 없이 이야기했다. 굵직한 중저음의 목소리가 워낙 멋진 탓에 사람들은 귀를 기울여 들었다. 슈테파니 벡커와의 관계를 설명할 때에는 더욱 집중을 했다. 그는 아무 것도 숨기지 않았다. 한 점의 얼룩도 남기지 않고 당당하게 이야기를 풀어나갔다. 사건이 벌어진 날 만남이 이뤄진 과정을 자세히 묘사한 다음, 자신은 14시 30분에 호텔을 떠났다고 못 박았다. 이어진 판사와 검사의 질문도 자세하고 정확하게 답변했다. 슈테파니 벡커와 돈이 오가는 섹스를 했다는 것, 또 왜 그랬는지 하는 이유도 숨김없이 밝혔다. 섹스 외에는 아무런 관계를 갖지 않았던 젊은 여자를 자신이 죽였다고 가정하는 것부터가 말이 되지 않는 상상이라고 했다.

보하임은 의젓하고 당당했다. 남자는 모든 재판 관계자들을 차례로 돌아봤다. 사람들은 그와 시선을 마주치는 것을 불편하고 어색해 하는 기색을 숨김없이 드러냈다. 참으로 기묘한 상황이었다. 보하임 같은 남자가 살인을 했다고 믿는 사람은 아무도 없는 것 같았다. 오히려 다른 누군가가 범인이었으면 좋겠다는 분위기까지 읽혔다. 증인들을 증언대에 세운 심리는 다음 공판으로 예정되어 있었다.

이튿날 대중지들은 일면 톱으로 일제히 사건을 보도했다. 제목은 한결같이 "억만장자, 정말 미녀 여대생의 킬러일까?"였다. 하긴 사건을 나름 잘 요약한 제목이라 할 수 있었다.

두 번째 공판이 열리던 날 증인으로 출석한 사람은 청소부 콘수엘라였다. 시체를 발견했을 당시의 상황을 그녀는 상당히 정확하게 묘사했다. 시간을 둘러싼 진술도 신빙성이 있었다. 검사와 변호사는 아무런 질문을 하지 않았다.

두 번째 증인은 아바스였다. 그는 슬픔에서 헤어 나오지 못한 모습이었다. 판사는 그에게 사망자와 어떤 관계였는지 물었다. 특히 슈테파니가 피고에 관해 이야기를 했는지, 했다면 그게 무슨 내용이었는지 집중적으로 물었다. 아바스는 아는 바가 없다고 말했다.

그러자 재판장은 아바스가 호텔 앞에서 슈테파니와 만났던 일,

그가 느낀 질투심, 뒷조사를 벌인 것 등등에 관해 물었다. 판사는 공정했으며, 아바스가 범행 당일 호텔 안에 있었는지 밝히기 위해 가능한 모든 질문을 던졌다. 아바스는 이런 쪽으로 나아가려는 모든 질문을 부인했다. 그는 도박중독으로 막대한 빚을 졌다고, 지금은 치료를 받아 나았다고 하면서, 제한된 노동 허가를 얻어 피자 식당에서 접시 닦는 일을 하고 있다고 말했다. 그렇게 해서라도 빚을 갚아야 한다고 덧붙였다. 법정 안의 누구도 아바스가 거짓말을 하고 있다고 믿지 않았다. 자발적으로 자신의 개인적인 일을 자세히 털어놓는 사람은 진실을 말하는 법이다.

부장검사 슈미트도 아바스에게 뭔가 새로운 것을 끌어내려 갖은 시도를 다했다. 그러나 아바스는 조금도 흐트러지지 않았다. 그는 거의 네 시간이나 증인석에 머물렀다.

나는 아바스에게 아무 질문도 하지 않았다. 재판장은 그런 나를 놀란 눈초리로 바라보았다. 어쨌거나 아바스는 피고를 대신해 죄를 물을 수 있는 유일한 용의자였기 때문이다. 그러나 나는 다른 생각을 품고 있었다. 변호사가 증인 심문을 할 때 지켜야 할 가장 중요한 원칙은 답을 알 수 없는 질문을 하지 않는 것이다. 깜짝 놀랄 만한 새로운 사실이 밝혀지는 게 언제나 기분 좋은 일은 아니며, 의뢰인의 운명을 가지고 게임을 벌여서는 안 된다.

공판을 통해 새롭게 밝혀진 것은 없었다. 그동안의 수사 기록을 차근차근 밟아 나갔다. 다만, 슈테파니의 여자 친구가 매춘을 한 이유를 밝히는 바람에 보하임에게 먹구름이 드리웠을 뿐이다. 어쨌거나 그는 여대생의 곤경을 빌미 삼아 섹스를 샀기 때문이다. 내가 우리 편이라고 여겼던 여성 배심원 한 명의 얼굴에 동요하는 빛이 역력했다.

네 번째 공판이 열리던 날 열두 번째 증인으로 경찰관이 불려 나왔다. 내가 손꼽아 기다리던 증인이다. 그는 처음부터 수사반에 참여했던 게 아니었다. 그의 임무는 주차장의 감시 카메라 비디오 필름을 확보하는 것이었다. 재판장은 증인으로 하여금 어떻게 문제의 비디오를 호텔 경비 책임자에게서 얻어 냈는지 설명하게 했다. 실제로 경관은 현장의 호텔 경비실에서 모니터에 찍힌 시간을 일일이 확인했던 것으로 밝혀졌다. 다만, 실제 시간과 약 30초 정도 차이가 났다. 그래서 수사관은 그 사실을 기록에 첨부해 두었다고 했다.

변호인이 질문할 차례가 되자 나는 우선 경찰이 비디오를 확보한 게 10월 29일이 맞는지 확인하게 했다. 경찰은 그랬다고 하면서 그날은 월요일이었으며 17시쯤 비디오를 넘겨받았다고 말했다.

"증인, 당신은 호텔 경비원에게 10월 28일 카메라의 계시 장치를 겨울 시간에 맞추었는지 물어보았습니까?" 내가 물었다.

"예? 뭐라고요? 시간은 정확했는데요. 제가 정말 확인했는데······."

"문제의 비디오는 10월 26일에 촬영한 것입니다. 이날은 아직 서머타임◆이 적용되는 날이죠. 이틀 뒤, 그러니까 10월 28일 서머타임은 해제되었습니다."

"무슨 말씀이신지 잘······." 경찰관은 당황한 표정을 지었다.

"아주 간단한 문젭니다. 그러니까 감시 카메라의 시간은 여전히 겨울 시간을 나타낼 수 있다는 점이죠. 이 시계가 여름에 15시를 가리키고 있다면, 실제 시간은 14시가 됩니다. 그렇지 않습니까?"

"맞습니다."

"범행이 벌어진 날, 그러니까 10월 26일은 아직 서머타임이 적용되던 날이죠. 시계는 15시 26분을 가리키고 있습니다. 그러나 시계를 서머타임에 맞춰 놓지 않았다면, 실제 시간은 14시 26분이 됩니다, 아시겠습니까?"

"예." 경찰관은 아직도 어리둥절한 표정이었다. "그렇지만 시계를 정말 서머타임에 맞춰 놓지 않았던 걸까요? 그건 이론적으

◆ 여름에 긴 낮 시간을 효과적으로 사용하기 위해 표준 시간보다 시각을 한 시간 앞당기는 것. 독일에서는 3월 마지막 주 일요일부터 10월 마지막 일요일일까지가 서머타임이다.

로만 생각할 수 있는 가능성입니다."

"지금 중요한 건 바로 그 이론입니다. 결정적인 문제는 시계를 정확히 맞춰 놓았느냐 하는 것이죠. 시계가 정확히 서머타임을 가리키고 있었다면, 피고가 호텔방을 떠난 건 청소부가 시체를 발견하기 꼭 한 시간 전입니다. 이 시간 동안 누구라도 방에 들어가 여자를 살해할 수 있죠. 바로 그래서, 증인, 호텔 경비원에게 이를 확인해 달라는 질문은 중요해집니다. 그런 질문을 하셨습니까?"

"그걸 물어보았는지 잘 기억이 나지 않습니다. 아마도 경비원이 제게 말해 주었던 것 같기도 하고……."

"여기 경비 책임자의 진술서가 있습니다. 며칠 전 그에게 받아 두었던 것이죠. 경비 책임자는 카메라의 시계를 지금껏 단 한 번도 서머타임에 맞춘 적이 없다고 하더군요. 그러니까 설치하고 나서 카메라는 항상 겨울 시간에만 맞춰져 있었던 겁니다. 자, 이제는 그런 질문을 했는지 더 잘 기억하실 수 있나요?" 나는 이렇게 말하며 재판장과 검사에게 복사한 진술서를 건네줬다.

"에, 그게 그러니까, 저는 그런 질문은 하지 않았습니다." 마침내 경찰관이 대답했다.

"재판장님, 증인에게 사진 자료에서 12번에서 18번까지의 사진들을 보여 주시기 바랍니다. 바로 피고가 차고를 나서는 순간을 찍은 사진들입니다."

판사는 사진들을 꺼내 자신 앞에 죽 펼쳐 놓았다. 증인은 판사 자리로 가서 사진들을 보았다.

"거기에 시간은 15시 26분 55초라고 나옵니다. 이 시간이 틀렸다는 겁니까?" 경찰이 나에게 물었다.

"바로 그렇습니다. 카메라는 잘못된 시간을 보여 주고 있죠. 자, 그럼 14번 사진에 나온 피고의 팔목을 보아 주시기 바랍니다. 그의 왼손이 아주 잘 나와 있죠. 주차장 차단기를 열기 위해 손을 내밀고 있습니다. 보하임 씨는 이날 파테크 필리프◆를 차고 있었습니다. 사진에 나온 시계를 읽으실 수 있나요?"

"예, 아주 선명하군요."

"증인, 그게 몇 시입니까?"

"14시 26분입니다." 경찰관이 대답했다.

순간 가득 차 있던 방청석에서 웅성거리기 시작했다. 부장검사 슈미트는 직접 판사 자리로 가서 사진을 살폈다. 사진들을 손에 들고 충분히 자세하게 살핀 끝에 슈미트는 고개를 끄덕였다. 그것은 다른 범인의 존재를 추정하기에 충분한 60분이었으며, 보하임의 무죄를 입증하기에 필요했던 시간이었다. 이제 재판은

◆ 스위스의 수제 명품 시계. 1839년, 폴란드 귀족 그라프 데 파테크Graf de Patek가 장아드리앵 필리프Jean-Adrien Philippe와 손잡고 세운 회사이다.

속도를 냈다. 보하임에게 불리한 다른 증거는 존재하지 않았다. 재판장은 휴정을 선포했다.

약 30분 뒤 검찰의 요청으로 보하임의 구속 명령은 해제되었다. 다음 공판에서 보하임은 더 이상 증거를 채택하는 일 없이 석방되었다.

◆ ◆ ◆

부장검사 슈미트는 페르시 보하임에게 축하의 악수를 건넸다. 그런 다음 슈미트는 긴 복도를 걸어 자신의 방으로 갔다. 재판 결과를 짤막하게 기록한 그는 다음 서류철을 펼쳤다. 석 달 뒤 슈미트는 은퇴를 했다.

아바스는 공판이 끝나던 날 저녁 체포되었다. 수사관은 능수능란한 솜씨로 그를 다뤘다. 아바스에게 슈테파니가 매춘을 한 것은 오로지 당신을 구하기 위한 선택이었다고 말했다. 슈테파니가 모든 것을 털어놓은 여자 친구의 말을 인용했다. 다른 남자와 잔 게 자신을 위한 희생이었다는 것을 깨달은 아바스는 그 자리에서 무너졌다.

그러나 경찰을 너무나 잘 아는 아바스였다. 그는 끝내 자백을 하지 않았다. 사건은 오늘날까지 미제로 남았다. 검찰은 아바스를 법정에 세울 수 없었다. 증거가 턱없이 부족했기 때문이다.

멜라니 보하임은 재판이 끝나고 한 달이 지난 다음, 남편과 이혼했다.

story 7
정당방어

───── 렌츠베르거와 베크는 기차역 플랫폼에서 어슬렁거렸다. 면도로 박박 밀어 버린 머리에 군복 바지, 거들먹거리는 걸음걸이가 영락없이 신나치◆였다. 베크가 걸친 점퍼에는 '토르 슈타이나르', 렌츠베르거의 티셔츠에는 '핏 불 저머니'라는 글자와 문양이 각각 선명했다.◆◆

베크는 렌츠베르거보다 키가 약간 작았다. 그는 폭행으로 모두 열한 번의 전과를 가지고 있다. 14살에 처음 사람을 때려 상해를 입혔다. 키가 큰 친구와 함께 달려가 베트남 남자를 사정없이 짓밟았다. 그 뒤로는 더욱 극악해졌다. 15살에 처음으로 소년원에 들어갔으며, 16살에 온몸에 문신을 새겼다. 오른손의 네 손가락에는 각각 'H-A-S-S'(하스: 증오)라는 글자를 새겼으며, 왼손 엄지 손가락에는 '하켄크로이츠'◆◆◆를 아로새겼다.

렌츠베르거의 전과는 네 개였지만, 금속으로 만든 야구방망이

◆ 나치즘을 신봉하고 그 부활을 꿈꾸는 극우파. 백인 우월주의를 교조처럼 떠받든다.
◆◆ '토르 슈타이나르'와 '핏 불 저머니'는 신나치가 즐겨 입는 옷의 상표. '토르 슈타이나르'는 신나치의 휘장이 달려있고, '핏 불 저머니'는 '핏 불 테리어'라는 사냥개에 빗댄 것으로 독일의 충실한 사냥개라는 의미이다.
◆◆◆ 나치스를 상징하는 갈고리 십자가.

를 휘둘러 댔다. 베를린에서는 야구공보다 방망이가 15배는 더 많이 팔린다.

베크는 한 나이 많은 여자를 보고 히죽거렸다. 겁이 난 할머니가 움찔하자 큰소리로 웃으며 팔을 치켜들고 성큼성큼 두 발자국 다가갔다. 노파는 핸드백을 꼭 움켜쥐고 총총걸음으로 도망갔다.

렌츠베르거는 야구방망이로 쓰레기통을 세게 때렸다. 날카로운 금속성 소음이 기차역에 울려 퍼졌다. 힘을 별로 들이지 않았음에도 역시 쇠로 만든 쓰레기통의 모서리는 움푹 들어가 버렸다. 플랫폼은 거의 텅 비어 있었다. 다음 열차는 48분 뒤에 출발한다. 함부르크 행 ICE*이다. 두 깡패는 벤치에 걸터앉았다. 베크는 다리를 벌린 채 쭉 뻗었으며, 렌츠베르거는 벤치 등받이 위에 올라탔다. 지루한 나머지 하품을 하며 다 마신 맥주병을 선로에 던졌다. 쨍 하고 깨진 병에서 상표가 바람에 나풀거렸다.

그때였다. 두 악당은 한 남자를 발견했다. 남자는 두 개 더 떨어진 벤치에 앉아 있었다. 40대 중반의 나이에, 머리는 반쯤 벗어졌고, 의료보험으로 처방받는 싸구려 검은 뿔테 안경에 잿빛 양복을 입었다. 아마도 말단 공무원이거나 회사의 경리 직원인 모양이다. 집에서 마누라와 애들이 기다리는 지루하고 보잘것없는 인생. 베크와 렌츠베르거는 마주 보며 입꼬리를 비죽였다. 먹잇감

◆ 독일의 고속 전철.

이 제대로 걸렸다며 겁을 주고 한바탕 데리고 놀 생각이었다. 이 날 밤은 별로 좋은 일이 없었다. 여자도 걸려들지 않았고, 화끈하게 놀기에는 돈이 부족했다. 베크는 금요일에 여자 친구와 헤어졌다. 그녀는 술에 취해 고함이나 질러대는 베크가 지겹다고 했다. 오늘 월요일 새벽의 인생은 정말 기분이 더러웠다. 둘은 손가락을 꺾으며 고개를 돌리면서 곧 맛볼 주먹의 쾌감에 젖었다. 서로 어깨를 툭툭 치며 팔짱을 끼고 남자를 향해 걸어갔다.

베크는 남자가 앉은 벤치 옆자리에 털썩 주저앉았다. 그리고 남자의 귀에 대고 커억 하고 트림을 했다. 술 냄새와 함께 악취가 남자의 코를 찔렀다. "헤이, 노땅, 오늘도 벌써 씹질 한 번 했어?"

남자는 상의 호주머니에서 사과를 한 알 꺼내 소매로 닦았다. "야 씨벌 놈아 지금 너랑 얘기하잖아!" 베크가 으르렁거렸다. 그는 남자가 손에 들고 있던 사과를 툭 쳤다. 바닥에 떨어진 사과를 군홧발로 짓밟았다. 깨진 사과에서 즙이 튀어 올랐다.

남자는 베크를 바라보지 않았다. 앉은 채 꼼짝도 않고 앞만 바라보았다. 베크와 렌츠베르거는 남자의 그런 태도를 도전으로 받아들였다. 베크는 검지로 남자의 가슴을 찔렀다. "대답하기 싫다 이거냐?" 이렇게 말하며 그는 남자의 뺨을 때렸다. 충격으로 안경이 흘러내렸으나 남자는 안경을 바로잡지 않았다. 그래도 남자가 움직이지 않자, 베크는 군화 속에 감추어 두었던 칼을 꺼냈다. 꽤 긴 칼은 양날을 갈아 놓았으며 날 끝에 톱니 모양의 장식이 되어 있었다. 베크는 칼을 남자의 얼굴 앞에서 흔들어 댔다. 남자는 그저 똑바로 앞만 바라볼 뿐이었다. 베크는 칼로 남자의 손등을 찔렀다. 깊지 않게, 바늘로 찌르듯. 베크는 기대에 가득 찬 눈빛으로 남자를 바라보았다. 손등에서 피가 한 방울 솟아올랐다. 렌츠베르거는 이제 벌어질 일에 온몸이 근질거리는 쾌감을 느꼈다. 흥분과 긴장으로 야구방망이를 가지고 벤치를 툭툭 때렸다. 베크는 손가락으로 피를 찍어 남자의 얼굴에 발라 댔다. "야 노땅, 어때 기분이 좀 나아지냐?"

남자는 여전히 아무 반응을 보이지 않았다. 베크는 버럭 화를 냈다. 칼이 오른쪽에서 왼쪽으로 바람을 갈랐다. 남자의 가슴팍에서 불과 몇 센티미터 떨어졌을 뿐이었다. 세 번째 휘두를 때 칼이 남자의 상의를 찢었다. 남자의 가슴팍에 실금 같은 게 생겨났다. 상처는 거의 20센티미터 길이였으며, 거의 수평이었다. 남자의 속옷에 피가 약간 배어 나왔다. 상처는 이내 빨갛게 부풀어 올랐다.

아침 일찍 기차를 타고 하노버에서 열리는 비뇨기과 학회에 참석하러 가려던 의사 한 명이 반대편 플랫폼에 있었다. 나중에 의사는 남자가 움직이는 것을 거의 보지 못했다고 진술했다. 그렇게 빠른 것은 처음 본다는 말도 했다. 사건 현장을 그대로 촬영한 감시 카메라는 그저 흑백으로 남자가 가만히 있는 장면만 보여 줬다.

베크는 다시금 칼을 휘두르려 했으며, 렌츠베르거는 소리를 질러 댔다. 순식간에 남자가 베크의 칼 잡은 손을 움켜쥐고는 팔꿈치로 그의 얼굴을 때렸다. 타격은 칼이 움직이는 방향을 바꿔 놓았다. 칼은 커다란 아치를 그렸다. 남자는 칼끝이 정확하게 베크의 세 번째와 네 번째 갈빗대 사이를 향하게 조종했다. 베크는 자기 손으로 자신의 가슴을 찔렀다. 칼이 살을 파고들자 남자는 베크의 손을 세게 때렸다. 모든 게 단 한 번의 동작이었다. 물이 흐르듯 유려한 게 꼭 춤추는 장면을 보는 것 같았다. 칼날은 뿌리까지 완전히 베크의 가슴에 박혔다. 칼날은 베크의 심장을 찢었다. 베크는 꼭 40초 더 살았다. 그는 꼼짝도 못하고 서서 자신의 가슴을 내려다보았다. 칼의 손잡이를 움켜쥔 자신의 손가락에 새겨진 글씨를 읽었다. 고통은 없었다. 신경의 시냅스가 아무런 신호를 전달하지 않았기 때문이다. 베크는 자신이 죽는지조차 몰랐다.

남자는 등을 돌려 렌츠베르거를 향했다. 그의 얼굴을 물끄러미 봤다. 무슨 특별한 태도를 취하지 않았으며, 그저 서 있기만 했다. 침착하게 기다렸다. 렌츠베르거는 도망을 가야 할지, 싸워야 할지 몰라 어리둥절한 표정이었다. 그러나 남자가 워낙 평범한 회사원처럼 보이는지라 잘못 판단했다. 렌츠베르거는 야구방망이를 높이 치켜들었다. 남자는 딱 한 차례 렌츠베르거를 때렸다. 정확히 목덜미를 강타했다. 워낙 빨라서 역의 감시 카메라는 그

순간을 잡지 못했다. 그런 다음 남자는 다시 벤치에 앉았다. 상대방을 쳐다보지도 않았다.

너무나 정밀한 타격이었다. 정확하게 경동맥동에 맞았다. 목 안의 동맥이 타격을 받아 순간적으로 부풀어 올랐다. 그곳은 모든 신경이 만나 다발을 이루는 급소였다. 신경은 급속도로 높아진 혈압을 충격으로 감지하고 대뇌에 신호를 보내 심장박동을 억제하게 만든다. 이제 렌츠베르거의 심장은 갈수록 뛰는 속도가 느려지면서, 혈액순환이 붕괴하고 만다. 렌츠베르거는 털썩 무릎을 꿇었다. 야구방망이는 바닥에 떨어지며 두 번 되튀더니 그대로 떼구루루 굴러 선로로 떨어졌다. 워낙 타격이 강력했던 터라 경동맥동의 민감한 외벽이 찢어지고 만 것이다. 피가 솟구치며 온 신경을 자극했다. 이제 신경들은 끊임없이 심장박동을 억제하는 신호를 보냈다. 렌츠베르거는 얼굴을 그대로 플랫폼에 부딪치며 쓰러졌다. 약간의 피가 밝은색 바닥에 번지며 흐르다가 담배꽁초에 막혀 고였다. 렌츠베르거는 죽었다. 그의 심장이 그냥 멎어 버린 것이다.

베크는 2초 더 서 있었다. 그런 다음 넘어지며 머리를 그대로 벤치 등받이에 찍었다. 그곳에 붉은 혈흔이 남았다. 쓰러진 베크는 눈을 뜨고 있었다. 마치 남자의 구두를 바라보는 것만 같았다. 남자는 안경을 다시 바로잡았다. 그리고 다리를 꼬고는 담배

한 개비를 피워 물었다. 그 자세로 체포당할 순간을 기다렸다.

　현장에 처음으로 들어선 사람은 여경이었다. 두 명의 스킨헤드가 플랫폼에서 난동을 피운다는 신고를 받고 동료와 함께 출동한 것이다. 여경은 시체들을 보았다. 베크의 가슴에 꽂힌 칼과 남자의 찢어진 상의를 번갈아 보며, 남자가 담배를 피우고 있다고 기록했다. 그녀의 두뇌에서는 모든 정보가 하나같이 급하다고 외치고 있었다. 여경은 권총을 뽑아 남자에게 겨누고 외쳤다. "흡연은 역내 전체에서 금지되어 있어요!"

◆ ◆ ◆

　"한 핵심 고객이 도움을 요청해 왔소. 사건 좀 맡아 주구려. 비용은 우리가 부담할 거요." 전화를 건 변호사가 말했다. 그는 뉴욕에서 전화를 건다고 했다. 그러나 목소리는 바로 내 옆에 있는 것처럼 또렷했다. 그는 급하다고 몇 번이나 강조했다. 그는 모든 선진국에 지점을 두고 있는 경제 문제 전문 법무 법인의 대표 변호사였다. "핵심 고객"이란 법인으로 하여금 아주 많은 돈을 벌게 해 주는 의뢰인을 말한다. 그러니까 만사 제치고 최우선적으로 돌봐야 하는 고객이다. 나는 그에게 대체 무슨 일이냐고 물었다. 그러나 그는 아무것도 몰랐다. 비서가 경찰에게 전화를 받고 역에서 누군가 체포되었다고 전해 왔다고 했다. 그게 누군지 이름은 비서도 몰랐다. "아무래도 살인 사건이나 그거 비슷한 일인가 봐요." 비서도 그 이상은 몰랐다. 그러나 "핵심 고객"임에는 틀림이 없다는 거였다. 그 전화번호는 "핵심 고객"에게만 가르쳐 주는 것이었기 때문이다.

나는 케이트슈트라세의 살인 사건 전담 특별수사본부를 찾아갔다. 경찰서가 현대식 유리 건물에 있든, 2백 년은 족히 된 낡은 건물에 있든, 중요한 문제는 아니다. 경찰서라는 곳은 어디나 다 똑같으니까. 바닥에는 잿빛이 나는 녹색의 리놀륨이 깔려 있으며, 청소용 소독약 냄새가 코를 찔렀다. 취조실마다 커다란 고양이 포스터와 함께 휴가를 간 동료들이 보낸 우편엽서가 벽을 채우고 있다. 컴퓨터 모니터와 철창문에는 신문에서 오려낸 '오늘의 개그'가 어지럽다. 오렌지색 커피머신의 열판 위에 세워 둔 커피포트에서는 미지근한 필터 커피가 찰랑거린다. 탁자마다 "I love Hertha!"(나는 헤르타◆를 사랑한다)라는 문구가 적힌 커다란 머그잔이 놓여 있으며, 벽에는 경관들이 일몰 장면을 찍은 사진들로 덕지덕지하다. 이곳에서 바라보는 일몰은 일품이다. 시설은 간단한 게 실용적이며, 밝은 잿빛으로 칠한 것도 그리 나쁘지 않다. 의자들은 지나치게 인체공학적이며 창틀에는 온갖 화분이

◆ 베를린이 연고지인 프로 축구팀. 1892년에 창단된 팀으로 분데스리가에 속해 있다.

놓여 있다.

　특별수사반의 반장 달거는 범인들을 상대로 심문과 취조를 수백 번 해 본 베테랑이다. 16년 전 그가 특별수사반으로 자리를 옮겼을 때, 그의 자리는 경찰 조직의 왕좌와도 같은 것이었다. 달거는 마침내 해냈다는 자부심으로 가슴이 벅차올랐다. 그리고 그는 자신이 승진할 수 있었던 바탕이 무엇인지 잘 알고 있었다. 그것은 다름이 아니라 인내심이었다. 달거는 필요하다면 몇 시간이라도 범인의 말에 귀를 기울였다. 그에게는 어느 것 하나 허튼 게 없었다. 경찰로 이미 오래 근무를 했음에도 모든 게 여전히 흥미로웠다. 달거는 갓 벌어진 사건이고 아는 게 별로 없을 때면 결코 직접 심문에 나서는 일이 없었다. 동료들은 그를 두고 "자백 받아내는 남자"라고 불렀다. 달거는 그 어떤 꼼수도 쓰지 않았으며, 위협을 하거나 굴욕을 안기는 일도 없었다. 1차 심문은 대개 신참에게 맡겼다. 사건의 대략적인 윤곽이 그려지고 나서야 그가 손수 나섰다. 그는 사소한 것 하나라도 놓치지 않는 뛰어난 기억력의 소유자였다. 그는 이른바 "감"이라는 것을 믿지 않았다. 물론 감이 엇나간 적도 없었지만 말이다. 달거는 앞뒤가 맞지 않는 어처구니없는 이야기일수록 진실이라는 것과, 아주 그럴싸한 주장일수록 사기에 가깝다는 사실을 잘 알고 있었다. 젊은 후배들에게 그는 늘 심문은 참 어려운 일이라고 말했다. 그리고 다음과 같은 말을 덧붙이는 것을 잊지 않았다. "돈과 정액을 철저히 따라 가. 그럼 살인 사건은 저절로 해결돼!"

 우리는 거의 언제나 관심사가 달랐지만, 서로 존중하며 최대한 예의를 갖췄다. 그가 어디 있는지 마침내 알아낸 내가 취조실에 들어서자 달거는 반색을 하며 나를 반겼다. "한 발자국도 진전이 없소." 입을 열자마자 나온 첫마디였다. 달거는 누가 나에게 사건을 부탁했는지 알고 싶어 했다. 나는 그 경제 전문 변호사의 이름을 댔다. 달거는 어깨를 으쓱했다. 나는 방해 받지 않고 의뢰인과 이야기를 나눌 수 있도록 모두 방을 나가 달라고 부탁했다. 달거는 씩 웃으며 말했다. "그럽시다. 많이 좀 얻어 내쇼!"

 방에 우리만 남게 되자 남자는 비로소 고개를 들어 나를 바라보았다. 나를 소개하자 그는 예의 바르게 고개를 끄덕였다. 그러나 아무 말도 하지 않았다. 나는 독일어와 영어 그리고 상당히 형편없는 프랑스어까지 동원해 가며 남자의 말문을 열려고 시도했다. 그러나 그는 내 얼굴만 물끄러미 바라볼 뿐 한 마디도 하지 않았다. 내가 준 볼펜도 슬그머니 다시 내 앞에 밀어 놓는다. 그는 이야기를 하고 싶은 생각이 전혀 없는 것이다. 나는 그에게 전권 위임장을 내밀었다. 어떤 방식으로든 내가 그의 권리를 대변한다는 기록을 만들어야만 했기 때문이다. 그는 잠시 생각하더니 갑자기 기묘한 짓을 했다. 책상 위에 놓여 있던 스탬프잉크

뚜껑을 열더니 오른손 엄지에 파란 잉크를 잔뜩 묻혀 위임장 서명 란에 꾸욱 눌러 찍는 게 아닌가. "뭐, 그것도 한 방법이네요." 위임장을 챙긴 나는 달거의 사무실로 갔다. 그는 나에게 남자가 대체 누구냐고 물었다. 이번에는 내가 어깨를 으쓱하는 수밖에 없었다. 그러자 달거는 그동안 무슨 일이 있었는지 나에게 자세히 설명했다.

달거는 남자를 어제 기차역을 책임지는 연방경찰에게서 넘겨받았다고 했다. 남자는 체포 당시나 이송 과정 그리고 경찰서에서의 심문에서도 전혀 입을 열지 않았다는 것이다. 여러 명의 통역사들을 데려다가 시도를 했지만 허사였으며, 묵비권이나 변호사 선임권 등 권리를 읽어 주는 데만 16개 국어를 동원했다고 하며 달거는 고개를 절레절레 저었다.

달거는 남자의 몸수색을 명령했지만, 나온 것은 아무것도 없었다. 지갑도 신분증도 심지어 열쇠 하나 나오지 않았다. 달거는 이른바 "수색 목록 서식 B"라는 것을 나에게 보여 줬다. 남자에게서 나온 물건을 모두 적은 것으로 전부 일곱 개 항목이었다.

'템포'라는 상표가 붙은 휴대용 휴지. 역 약국의 가격표가 그대로 붙어 있음.

여섯 개비가 남은 담뱃갑. 담배에는 독일 납세필증이 붙어 있음.

일회용 라이터. 노란 플라스틱 제품.

함부르크 중앙역까지 가는 2등석 승차권(좌석 예약 없음).

지폐 1만 6,540유로.

동전 3유로 62센트.

법무 법인 '로르구이스, 메트칼프 앤드 파트너'의 명함. 베를린 지역 번호가 붙은 전화번호가 적혀 있음.

그렇지만 뭐니 뭐니 해도 가장 기묘한 점은 남자가 입고 신은 것 가운데 그 어떤 것에도 상표가 붙어 있지 않다는 사실이었다. 바지, 상의, 셔츠는 모두 한 명의 재단사에게 맞춰 입은 것이었다. 그러나 양말과 팬티까지 맞춰 입는 사람도 있을까? 상표를 확인할 수 있는 것은 단지 구두였을 뿐이다. 구두는 엘자스 지역의 구둣방 "헨슝" 제품이었다. 그러나 이 구두는 프랑스가 아닌 곳에서도 물건을 제대로 갖춘 구두 가게에서 얼마든지 구입할 수 있다.

경찰은 남자를 철저히 감식 작업 차원에서 다루었다. 그의 사진을 찍고 지문을 채취했다. 달거는 모든 데이터뱅크에 조회를 하게 했지만 맞아떨어지는 자료는 그 어디에도 없었다. 즉, 남자는 수사기관이 전혀 모르는 사람이었다. 승차권 역시 아무 단서도 주지 않았다. 그것은 역의 자동 발매기에서 끊은 것이었을 따름이다.

그동안 역의 감시 카메라가 찍은 필름도 철저한 분석을 마쳤으며, 건너편 플랫폼에 있던 의사와 충격을 받았던 노파의 증언도 들었다. 한마디로 경찰의 수사는 아무런 성과도 올리지 못하고 있었다.

일단 잠정적으로 체포된 남자는 경찰서 유치장에서 하룻밤을 보냈다. 다음날 달거는 명함의 전화번호를 눌렀다. 그는 이게 옳은 선택인지 오래 망설였다. 변호사라는 작자들은 문제를 복잡하게만 만들기 때문이라는 게 그의 생각이었다.

우리는 달거의 방에 앉아 미지근한 필터 커피를 마셨다. 나는 감시 카메라가 찍은 필름을 두 번 보고 달거에게 저것은 완전히 명백한, 범죄학 교과서에 나올 법한 정당방위 상황이라고 말했다. 그러나 달거는 남자를 놓아 주지 않으려 했다. "그치 뭔가 이상해."

"예, 물론이죠. 제가 보기에도 이상합니다. 하지만, 당신의 감 말고는 그를 붙들어 둘 아무 근거가 없어요. 그건 아시죠?" 내가 말했다.

"우리는 그의 신원조차 모른단 말이요."

"아니죠, 달거 씨. 그건 당신이 모르는 유일한 거예요. 정당방어라는 게 명명백백한데 그 남자를 붙잡아 두는 건 월권이라고요."

달거는 검사 케스팅에게 전화를 걸었다. 케스팅은 이른바 "흉악범"을 전담하는 부서의 책임자이다. 그는 달거의 1차 보고서를 읽고 이미 사건에 관해 알고 있었다. 케스팅은 뭘 어찌해야 좋을지 몰랐으면서도 결정은 내렸다. 우선 잡아두고 보는 게 검찰이 일하는 방식이다. 또 그게 많은 경우 도움이 된다는 사실도 부정할 수는 없었다. 일단 케스팅은 남자를 예심판사에게 데리고 가기로 결정했다. 몇 번의 전화 통화가 오간 끝에 우리는 오후 다섯 시에 예심판사와 만나기로 약속을 잡았다.

예심판사의 이름은 람브레흐트이다. 그는 벌써 봄인데도 여전히 두터운 노르웨이산 스웨터를 입고 있었다. 람브레흐트는 혈압이 지독히 낮았다. 그래서 평생 사시나무 떨 듯 추위를 못 견뎌 했으며, 내내 오만상을 쓰고 지냈다. 올해 쉰두 살의 그는 명확한 것을 좋아했다. 모든 게 깔끔하게 정리되어야만 직성이 풀렸다. 그는 그 어떤 귀신도 집에 데려가고 싶지 않았다.

람브레흐트는 종종 대학교에서 형법 강의를 하곤 했다. 적절한 사례를 많이 드는 통에 전설적인 강사로 명성을 누렸다. 대학생들에게 그는 판사가 유죄 판결을 내리기 좋아한다고 믿는 것은 잘못이라는 말을 하곤 했다. "판사는 다만 그게 자신에게 주어진 임무이기 때문에 판결을 하는 것일 뿐이죠. 조금이라도 의심의 여지가 있는 경우, 판사는 절대 유죄 판결을 내리지 않습니다."
판사에게 독립성을 보장해 주는 원래 이유는 판사가 귀신에게 시달리지 않고 평안하게 잠을 잘 수 있게 하기 위해서라고 람브레흐트는 덧붙이곤 했다. 이 대목에만 이르면 학생들은 와자하니 웃음을 터뜨렸다. 그렇지만 그의 말은 진심이었다. 그리고 그는 예외라고는 모르는 사람이었다.

예심판사라는 제도는 아마도 형법에서 가장 흥미로운 것이리라. 어떤 사건이든 잠깐 들여다보는 것으로 지루한 공판을 피할 수 있을 뿐만 아니라, 구구절절 이어지는 증언들에 귀를 기울이지 않아도 좋았다. 그러나 이것은 문제의 일면일 뿐이다. 예심판사는 고독하다. 그는 모든 것을 혼자서 결정한다. 모든 게 그의 손에 달려 있다. 예심판사는 혼자서 사람을 가두거나 풀어 준다. 쉽지 않은 일이다. 귀신이 따라올까 겁을 내는 이유가 달리 있는 게 아니었다. 세상에는 훨씬 간단한 직업도 많거늘.

그러나 람브레흐트는 변호사 일을 탐탁지 않아 했다. 그렇다고 검사에 관심을 갖지도 않았다. 그는 다만 사건에 관심을 가졌다. 그리고 사람들이 쉽사리 예상할 수 없는 결정만 내렸다. 사람들은 대개 람브레흐트를 두고 촌스럽게 안경이 왜 그리 크냐, 창백한 입술이 병자 같아 보인다고 쑥덕거렸다. 그러나 사실 모두 내심 그를 두려워했다. 20년 근속을 기념해 고등법원 원장이 주는 감사패를 받은 람브레흐트였다. 원장은 그에게 앞으로도 20년 동안 같은 일을 할 수 있겠냐고 물었다. 그러자 그의 대답이 걸작이었다. 자신은 단 한 번도 이 직업을 좋아한 적이 없다고 했다. 예심판사는 그만큼 독립성을 보장받는 자리였다.

람브레흐트는 증인의 증언 기록을 읽었다. 그리고 남자에게 이것저것 물었으나 여전히 입 한 번 뻥긋하지 않자 비디오를 보자고 했다. 이미 백 번도 넘게 비디오를 보았던 나는 눈 감고도 그림을 그릴 정도였다. 판사가 그것을 보는 동안 어찌나 시간이 안 가는지 영원이라는 게 이런 게 아닐까 했다.

"이제 됐으니 그걸 그만 끄세요." 판사가 마침내 경비원에게 말했다. 그리고는 우리를 차례로 돌아보았다. "자, 신사 분들, 이제부터 듣겠습니다."

케스팅은 당연히 구속영장의 초안을 준비해 왔다. 하긴 그게 없다면 이렇게 만날 이유도 없었으니 말이다. 케스팅은 두 가지 이유를 들어 남자를 살인 혐의로 구속해야 한다고 말했다. 우선, 도주의 위협이 있다는 거였다. 신원조차 확인이 안 된 남자를 풀어주면 당장 도망 갈 거라며, 그때는 어떻게 찾아낼 것이냐고 열변을 토했다. 두 번째로 케스팅은 이렇게 말했다. "정당방어를 해야만 할 상황이었다는 것은 인정합니다. 다만, 과잉 반응이 문제죠."

그러니까 검사는 사건을 과잉 반응 쪽으로 몰아갈 계산이었다.

공격을 받은 사람은 당연히 방어를 할 권리를 갖는다. 그 수단이 무엇이든 제한은 없다. 주먹에 맞고서 몽둥이를 쓸 수 있으며, 칼에는 권총으로 대응할 수 있다. 가장 적절하고 온당한 수단을 골라야만 한다는 것은 말이 되지 않는다. 그러나 과도해서는 곤란하다. 이미 싸울 능력을 상실한 사람을 총으로 쏜다거나 머리를 발로 차는 행위는 허용될 수 없다. 그런 과잉을 법은 용납하지 않는다.

"남자는 사망자의 가슴에 칼을 꽂아 넣었습니다. 그런 점에서 과잉 반응이 성립합니다." 케스팅이 주장했다.

"아하." 람브레흐트가 짐짓 놀란 목소리로 대답했다. "자, 이제 변호사 양반 차례요."

"검사의 주장이 말도 안 된다는 것은 여기 우리 모두가 압니다." 내가 말했다. "칼부터 들이대는 공격을 용인할 사람은 아무도 없죠. 물론 공격을 받은 사람도 같은 범위 내에서 방어를 해야 하죠. 그러나 검사는 지금 이걸 문제 삼으려는 게 아닌 것 같습니다. 그런 공소장이 배심원 법정을 통과한다고 믿기에는 케스팅 검사도 충분한 경험을 하셨을 텐데요. 검사께서 진짜 바라는 건 이런 식으로 남자의 신원을 알아내려 하는 거 아닙니까? 그러기 위해 시간을 벌려는 것이고요."

"맞습니까, 검사?" 람브레흐트가 물었다.

"전혀 그렇지 않습니다." 케스팅은 서둘러 대답했다. "검찰은 심사숙고한 구속영장만 청구합니다."

"아하." 판사가 다시 예의 그 짐짓 놀라는 음성으로 말했다. 다만 이번에는 냉소적인 분위기가 숨길 수 없이 배어 나왔다. 판사는 나를 향해 물었다. "당신은 남자가 누구인지 말해 주실 수 있습니까?"

"당신도 아시다시피 람브레흐트 판사님, 설혹 제가 안다고 하더라도 그걸 제 입으로 말할 수는 없습니다. 그러나 확실한 증언을 해 줄 수 있는 사람의 주소는 일러 드릴 수 있죠." 나는 그동안 원래 나에게 사건을 위임한 변호사와 여러 차례 통화를 했었다. "이곳 법무 법인으로 전화를 하면 증인 소환에 흔쾌히 응할 겁니다. 그건 구두로나마 확언할 수 있습니다." 나는 주소를 적은 쪽지를 건넸다.

"보세요." 케스팅이 끼어들었다. "지금 변호사는 훨씬 많은 걸 알고 있으면서도 전혀 이야기를 하지 않으려고 합니다."

"아니, 지금 저를 상대로 구속적부심사를 하시는 건가요?" 나는 침착하게 맞받아쳤다. "어쨌거나 지금 혐의자는 진술을 거부하고 있습니다. 그건 그의 당연한 권리죠. 우리는 그가 왜 침묵하는지 그 이유를 알지 못합니다. 아마도 우리말을 몰라서 그럴 수도 있겠죠. 그러나 그게 어떤 이유에서든 그는 지금 그의 권리를 행사하고 있는 겁니다."

"그 남자는 지금 형법 제111조를 위배하고 있는 겁니다." 케스팅이 끼어들었다. "그걸 어기고 있다는 건 부정하시지 못할 텐데요!"

"자, 자, 신사 분들, 차례로 말씀해 주시면 고맙겠소." 람브레흐트가 케스팅의 말을 끊었다. "111조는 누구든 자신의 인적 사항을 밝히도록 정하고 있죠. 그건 검사 말씀이 옳습니다." 람브레흐트는 자꾸 흘러내리는 안경을 밀어 올리느라 바빴다. "그렇지만 그 조항이 구속을 요구할 정도의 중죄를 규정하고 있지는 않습니다. 신원 확인을 위해서는 최장 12시간까지만 붙잡아 둘 수 있도록 정해 놓았을 뿐입니다. 그 12시간은, 검사님, 벌써 지나지 않았나요?"

"그밖에도 말이죠." 내가 말을 받았다. "혐의자가 자신의 인적 사항을 꼭 밝혀야만 하는 건 아닙니다. 만약 혐의자가 정확히 자신의 신원을 밝힘으로써 형사 처분을 받을 위험이 있을 경우, 그는 묵비권을 행사할 수 있습니다. 자신이 누구인지 밝혔다가 체포된다면, 당연히 묵비권을 행사해야죠. 그건 헌법이 보장한 권리입니다."

"저것 좀 보세요." 케스팅이 예심판사에게 말했다. "끝까지 누구인지 이야기하지 않습니다. 우리가 할 수 있는 게 아무것도 없다니까요."

"그게 법입니다." 내가 말했다. "당신이 할 수 있는 건 없습니다."

남자는 마치 딴 세상 사람처럼 심드렁하게 의자에 앉아 있기만 했다. 우리의 대화를 알아듣는지 통 감을 잡을 수가 없었다. 그는 지금 내 이름의 이니셜이 새겨진 와이셔츠를 입고 있다. 칼로 찢긴 옷을 입고 있는 게 보기 흉해 내가 가져다준 것이다. 옷은 그럭저럭 맞았지만, 어딘가 모르게 묘한 분위기를 풍겼다.

"검사님!" 람브레흐트가 말을 꺼냈다. "범인과 희생자 사이에 사건 이전에도 무슨 관계가 있었습니까?"

"아뇨, 우리가 알고 있는 건 없습니다." 케스팅이 대답했다.

"희생자들이 술을 마셨나요?" 아무튼 람브레흐트는 정확한 판사였다. 만취한 취객을 상대로 정당방어 운운할 수는 없기 때문이다. 만취한 사람은 상대방의 생명을 위협할 수 있을 정도로 폭력을 행사할 수 없다는 판례가 있다. 다시 말해서 만취한 사람의 공격은 얼마든지 피할 수 있다고 보는 것이다.

"0.04퍼센트와 0.05퍼센트였습니다."

"그 정도 가지고는 취했다고 할 수 없죠." 판사가 말했다. "그 밖에 지금 기록에 없는 것을 혐의자에게서 찾아낸 게 또 있습니까? 그러니까 다른 범죄를 암시하는 무슨 단서라거나 하는 거 말이죠." 람브레흐트는 미리 목록을 꼼꼼히 꿰고서 묻는 것이었다.

"아뇨, 없습니다." 케스팅의 표정이 일그러졌다. 그는 아니라고 할 때마다 자신의 목적에서 그만큼 멀어져 간다는 것을 의식했기 때문이다.

"아직도 진행되고 있는 수사가 있나요?"

"예, 아직 완전한 부검 결과는 나오지 않았습니다." 마침내 뭔가 찾아냈다 싶은 케스팅의 얼굴이 밝아졌다.

"아, 그거야 두 젊은이가 무슨 일사병으로 죽은 것도 아니잖소, 케스팅 검사님." 람브레흐트의 목소리는 이제 확실히 부드러워졌다. 판사가 목에서 힘을 빼고 있다는 것은 검사에게는 나쁜 징조이다. "만약 검찰이 지금 여기 내 책상 위에 있는 자료 이상의 것을 가져오지 않는다면, 나는 지금 결정을 내리겠소."

케스팅은 고개를 뒤로 젖히며 체념했다는 표정을 지었다.

"자, 신사 분들." 람브레흐트가 입을 열었다. "이제는 충분히 들었소." 등을 죽 펴며 의자에 기댄다. "그게 정당방어 상황이었다는 것은 명백함 그 이상이오. 누군가 칼과 야구방망이로 위협을 받는다면, 심지어 찌르고 가격을 당한다면, 그는 당연히 자신을 보호할 권리가 있소. 방어를 함으로써 공격을 완전히 끝내 버릴 수 있죠. 혐의자가 한 것은 그 이상도 이하도 아닙니다."

람브레흐트는 잠깐 숨을 고른 다음 계속 말했다. "사건이 특이

하다는 검사의 지적은 전적으로 옳습니다. 나는 자신을 공격하는 사람들 앞에서 보여 준 혐의자의 침착함과 평온함이 무서울 뿐이오. 그렇지만 지금 검찰 측에서 주장하는 과잉 반응이라는 게 뭔지 모르겠습니다. 그리고 이런 제 생각은 지금 그 두 스킨헤드가 병리학 해부대 위가 아니라 제 앞에 앉아 있다면 틀림없이 구속 명령을 내렸을 거라는 점에서 정당합니다."

케스팅이 자신의 서류철을 닫았다. 꽝 하고 제법 큰소리가 났다.

람브레흐트는 서기에게 구술했다. "검찰의 구속영장 청구는 기각한다. 혐의자는 이 시간부로 곧장 석방한다." 그런 다음 람브레흐트는 고개를 돌려 케스팅과 나를 바라보았다. "자, 심사는 끝났습니다. 좋은 저녁 시간 보내시길!"

여자 서기가 석방 명령서를 작성하는 동안 나는 문밖으로 나갔다. 거기 대기석에는 달거가 앉아 기다리고 있었다.

"안녕하세요, 지금 여기서 뭐하시는 겁니까?" 내가 인사를 건네며 물었다. 경찰관이 판사가 어떤 결정을 내리는지 이토록 관심을 갖는다는 것은 보기 드문 일이다.

"그가 나가나요?"

"예, 명확한 정당방어로 판결이 났습니다."

달거는 고개를 절레절레 저었다. "내 그럴 줄 알았소." 달거는 훌륭한 경찰관이다. 그는 지금 26시간째 잠을 자지 못하고 있다.

사건이 이렇게 종결된 게 화가 나는 모양이었다. 그러나 그것은 경찰관의 온당한 태도가 아니다.

"왜 그래요?"

"허 참, 당신은 다른 사건을 몰라서 그래요."

"어떤 다른 사건?" 내가 물었다.

"그날 새벽, 그러니까 당신의 의뢰인이 체포되던 날 새벽, 우리는 빌머스도르프◆에서 시체 한 구를 발견했소. 심장에 칼을 맞았더군요. 지문은 없었고, 유전자도 나오지 않았죠. 아무튼 단서가 될 만한 게 실오라기 하나 없어요. 사망자 주변 인물들은 모두 알리바이를 가지고 있고 말이죠. 지금 사건 발생 72시간째를 향해 시간은 착착 가고 있는 데 말이죠."

경찰의 수사에는 72시간 규칙이라는 게 있다. 살인 사건이 발생하고 72시간이 지나면 사건을 해결할 확률은 급격히 떨어진다.

"그래서 지금 무슨 이야기가 하시고 싶으신 거죠?"

"그건 정말 프로의 솜씨입니다."

"심장에 칼을 맞는 일은 종종 벌어지잖아요." 내가 말했다.

"그렇게 간단하지가 않아요. 아무튼 그렇게 정밀한 칼솜씨는 거의 본 적이 없어요. 참 기가 막히게 맞아떨어졌는데. 대개 칼을 쓰면 여러 차례 찌르거든요. 아니면 칼이 갈빗대에 걸려 있거

◆ 베를린의 한 지역구 이름. 쿠담과 맞닿아 고급 호텔과 술집이 즐비하다.

나. 그런데 딱 한 번에 정확히 찍었더라고요. 아무래도……."

"그래서요?"

"제 감으로는 당신 의뢰인이……."

그것은 물론 단순한 감 그 이상의 것이다. 독일에서는 매년 약 2,400여 건의 살인 사건이 일어난다. 그 가운데 대략 140건은 베를린의 몫이다. 이 수치는 프랑크푸르트암마인과 함부르크 그리고 쾰른을 합친 것보다 더 많다. 그러나 사건 해결 확률 95퍼센트로 보자면 범인은 일곱 명 가운데 한 명꼴로 잡히지 않는 셈이다. 그리고 여기서 그 한 명이 풀려났다. 달거의 이론에 정확하게 맞아떨어지는 한 명이.

"달거 씨, 당신의 감이……." 이렇게 말을 꺼내려는데 그가 나의 말을 막았다.

"예, 예, 알고 있습니다." 달거는 이렇게 말하며 돌아섰다. 나는 그의 등에 대고 뭔가 새로운 소식이 있으면 전화를 하라고 말해 줬다. 달거는 알아듣기 힘든 소리로 무어라 한참 중얼거렸다. "아무튼 변호사를 끌어들이면 안 돼……변호사들이란……늘 똑같아……."

◆ ◆ ◆

남자는 예심판사의 방에서 곧장 풀려났다. 그는 돈과 다른 물건들을 돌려받았으며, 내가 수령증을 써 줬다. 우리는 내 차로 갔다. 나는 그를 역까지 태워 줬다. 35시간 전에 그가 두 남자를 죽였던 바로 그곳으로 말이다. 남자는 아무 말 없이 차에서 내려 곧바로 군중 속으로 사라졌다. 그 뒤로 남자는 다시 보지 못했다.

일주일 뒤 나는 그 경제 전문 법무 법인의 대표와 점심 약속을 했다. "알지 못하는 사람까지 신경 쓰는 당신의 그 핵심 고객이 누굽니까?" 내가 물었다.

"그걸 밝힐 순 없소. 아마 당신도 아는 분일 겁니다. 그 신원 미상의 남자가 누구인지는 나도 몰라요. 하지만, 여기 한 가지 당신에게 줄 게 있소." 그는 이렇게 말하며 종이 상자를 하나 꺼냈다. 그것은 내 와이셔츠였다. 세탁을 해서 말끔하게 다려 놓았다.

주차장으로 가는 길에 나는 그것을 쓰레기통에 던져 버렸다.

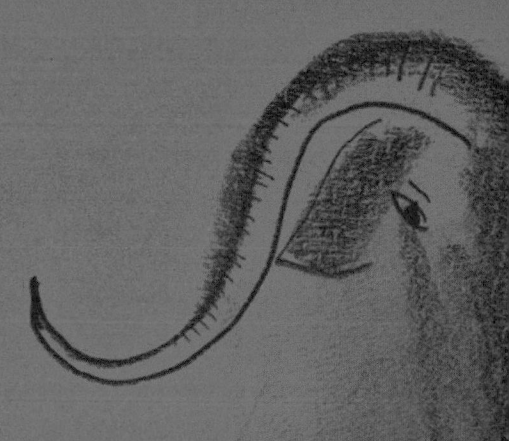

story 8
녹색

―― 그들은 또 양 한 마리를 데리고 왔다. 장화를 신은 남자 네 명이 둘러싸고 서서 양을 내려다본다. 픽업트럭에 양을 싣고 귀족 저택의 안마당으로 온 것이다. 죽은 양을 담은 푸른 비닐 자루가 가랑비를 맞고 있다. 양의 목은 칼로 끊겼으며 진창으로 얼룩진 양가죽에는 칼자국이 어지럽다. 말라붙은 피가 비를 맞아 다시 천천히 녹으면서 가느다란 붉은 줄기를 만들어 자루로 새어 나와 안마당 바닥에 깐 자갈 사이로 흘러든다.

네 명의 남자들 가운데 죽음을 낯설게 여길 사람은 없다. 이들은 모두 가축을 키우는 농부이다. 저마다 손수 짐승을 잡아 본 경험이 있다. 그러나 이 죽은 짐승을 보고는 모두 진저리를 쳤다. 양은 푸른색의 머리에 툭 불거진 눈을 가진 블뢰 뒤 멘느◆라는 놈으로 번식력이 좋은 품종이다. 양의 눈알은 빠져 어디론가 사라지고 없었으며, 시커먼 눈구멍 언저리에는 실처럼 빠져나온 시신경과 힘줄이 너덜너덜하다.

◆ 프랑스 서부에서 주로 식용으로 사육하는 양.

노르데크* 백작은 고개를 끄덕이며 남자들을 맞았다. 어느 쪽도 말을 하지 않았다. 백작은 잠깐 죽은 양을 살피고서는 고개를 저었다. 백작은 상의 호주머니에서 지갑을 꺼내 4백 유로를 헤아린 다음 남자들 가운데 한 사람에게 주었다. 현재 양 시세의 갑절보다도 많은 금액이다. 농부 가운데 한 사람이 말했다. "이런 식으로는 더 이상 안 됩니다." 그것은 농부들의 생각을 대변한 말이었다. 남자들이 픽업을 타고 다시 사라지자, 노르덱크는 외투의 깃을 세웠다. '농부들이 옳아. 이제는 이야기를 해야만 돼.' 백작은 속으로 다짐을 했다.

◆ ◆ ◆

앙겔리카 페테르손은 낙천적인 성격의 뚱뚱한 여자이다. 그녀는 22년째 노르데크에서 경찰로 일하고 있다. 그녀가 맡고 있는 이 작은 지역에서 강력 범죄가 일어난 적은 단 한 번도 없었다. 지금껏 권총 한 번 뽑아 본 일이 없는 그녀였다. 오늘 근무는 만취한 운전사에 관한 보고서를 쓰는 것으로 끝이 났다. 그녀는 의자를 흔들거리며 창밖을 바라보았다. 비는 오고 있지만 그래도 내일이면 근무가 없는 주말이라는 게 좋기만 했다. 앙겔리카는

◆◆ 독일 중서부 지방의 작은 마을 이름. 백작의 이름이기도 하다.

지난 번 휴가 여행에서 찍은 사진들을 꺼내 들고 앨범에 붙이기 시작했다.

이때 갑자기 경찰서의 초인종이 요란하게 울렸다. 돌연한 소리에 깜짝 놀랐던 앙겔리카가 가슴을 쓸어내렸다. 인터폰으로 누구냐고 물었으나 아무 대답이 없다. 그녀는 짜증을 내며 무슨 일인가 싶어 문을 열고 거리로 나섰다. 초인종을 누르고 달아나는 장난을 아직도 즐기는 시골 꼬마들을 붙들어 귀를 잡아당겨 줄 작정이었다.

앙겔리카는 하마터면 필리프 폰 노르데크를 알아보지 못할 뻔했다. 그는 경찰서 앞 모퉁이에 서 있었다. 하늘에서는 장대비가 쏟아졌다. 비에 흠씬 젖은 머리카락이 그의 얼굴에 착 달라붙어 가리고 있었다. 상의는 진창과 핏물로 범벅이었다. 식칼을 손에 꼭 쥐고 있었으며, 손등을 베었는지 흰 뼈가 툭 불거져 나왔다. 빗물이 칼날을 타고 줄줄 흘러내렸다.

필립은 19살이었다. 여경은 그가 어렸을 때부터 봐 왔다. 그녀는 천천히 필립에게 다가가 차분한 목소리로 달랬다. 마치 어릴 때 아빠의 농장에서 말에게 속삭이듯 나직한 음성이었다. 그녀는 필립의 손에서 칼을 빼내며 머리를 쓰다듬었다. 필립은 꼼짝도 않고 그녀가 하는 대로 두었다. 그런 다음 여경은 팔로 그의 어깨를 감싸고 돌로 된 층계를 두 계단 내려가 지반보다 약간 낮은 경찰서 안으로 데리고 들어갔다. 거기서 여경은 필립을 화장실에 들여보냈다.

"우선 좀 씻으렴. 너 지금 꼴이 말이 아니야." 앙겔리카는 이렇게 말했다. 그것은 경찰의 모습이 아니라, 남동생을 측은해 하는 영락없는 누나였다.

필립은 뜨거운 물을 틀어 오랫동안 손 위로 흘러내리게 했다. 손의 살이 익어 붉게 변했으며, 거울에는 김이 서렸다. 그런 다음 허리를 숙인 필립은 얼굴을 씻었다. 피와 오물이 세면대를 채우며 배수구를 막았다. 필립은 세면대를 노려보며 중얼거렸다. "열여덟." 페테르손 경사는 그게 무슨 말인지 알아듣지 못했다. 그녀는 필립을 자신의 사무실 책상 앞으로 데리고 갔다. 차 향기와 바닥을 닦은 왁스 냄새가 났다.

"자, 이제 말해 보렴, 무슨 일이 있었던 거지?" 여경은 이렇게 물으며 필립을 방문객 의자에 앉혔다. 필립은 이마를 그녀의 책상 모서리에 대고 눈을 감은 채 아무 말도 하지 않았다.

"내가 네 아버지에게 전화를 해야 한다는 건 알지." 노르데크 백작은 당장 달려왔다. 그러나 필립이 말하는 것은 오로지, "열여덟, 그건 열여덟이었어!" 하는 것뿐이었다.

페테르손은 백작에게 검찰에 보고를 해야만 한다고 말했다. 무슨 끔찍한 일이 일어난 것인지 잘 모르겠다고 했다. 필립이 도통 알아들을 수 없는 말만 하는 통에 달리 어쩔 수가 없다고 했다. "물론이죠." 백작이 말했다. 그리고 속으로 '드디어 이 지경까지 왔군!' 하고 생각했다.

◆ ◆ ◆

검찰은 인근의 도시에서 수사관 두 명을 파견했다. 그들이 도착했을 때 페테르손과 노르데크는 경찰서에서 차를 마시고 있었다. 필립은 창 앞에 앉아 바깥을 내다보며 아무런 반응을 보이지 않았다.

수사관들은 공식적으로 일단은 체포를 해야 한다고 말하고 필립을 페테르손이 감시하도록 했다. 그리고서 필립의 방을 수색하기 위해 노르데크와 저택으로 갔다. 백작은 아들이 쓰던 2층의 방 두 개를 수사관들에게 보여 줬다. 수사관 한 명이 공간을 돌아보는 동안 백작은 다른 한 명과 거실에 서 있었다. 거실 벽에는 백여 가지도 넘는 각종 동물의 뿔과 박제가 즐비하게 걸려 있었다. 아프리카에서 온 것도 보였다. 거실 안은 썰렁했.

수사관은 아프리카 동부에서 볼 수 있는 커다란 물소 머리를 박제해 놓은 것 앞에 섰다. 노르데크는 양과 관련한 문제를 설명하려 들었다. "그건 말이죠." 그는 정확한 표현을 고르느라 잠깐

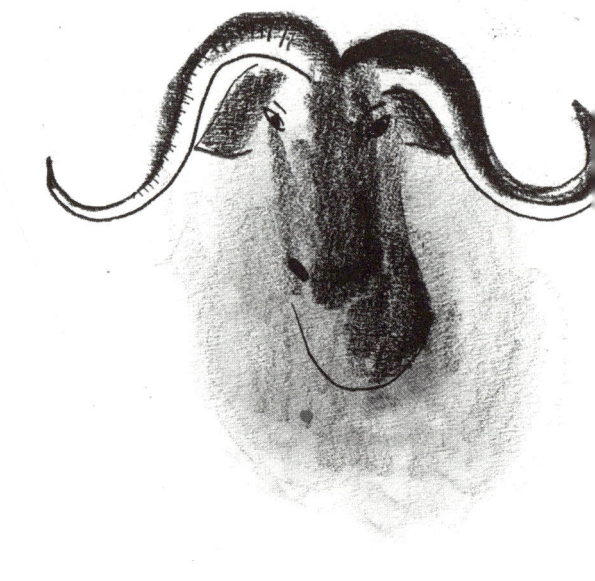

뜸을 들였다. "필립은 최근 넉 달 동안 양을 몇 마리 죽였습니다. 허 참, 칼로 목을 끊었더라고요. 한 번은 농부들 손에 잡혀오기도 했죠. 농부들이 자초지종을 설명하더군요. 목을 끊었다고 말이죠."

"아, 예. 목을 끊었다고요." 경찰은 박제에서 눈을 떼지 못했다. "여기 이 물소는 몸무게가 1톤이 넘는다죠?"

"예, 상당히 위험한 녀석이죠. 다 자란 물소는 사자도 꼼짝 못해요."

"그러니까 선생님 아들이 양을 죽였다고요?" 수사관은 박제에 눈을 고정시킨 채 물었다.

노르데크는 그것을 좋은 조짐으로 여겼다. "물론 저는 양의 값을 지불했습니다. 필립의 문제는 무엇이든 대책을 세우겠습니다. 그동안 괜찮아지려니 하고만 여겼는데……우리가 잘못 생각했군요." 이렇게 말하며 노르데크는 속으로 양을 난자한 것과 눈알을 빼낸 이야기는 하지 않는 게 낫겠다고 생각했다.

"왜 그런답니까?"

"몰라요." 노르데크가 대답했다. "짐작도 할 수가 없어요."

"희한한 얘기로군요."

"예, 제가 생각해도 희한합니다. 아무튼 빨리 대책을 세우겠습니다." 노르데크는 힘주어 말했다.

"제가 보기에는 오늘 일어난 일도 이미 아시는 것 같군요?"

"예? 무슨 말씀이신지……?"

"이번에도 양이었던 것 같던데요?" 수사관이 물었다. 그는 여전히 물소에서 눈을 떼지 못하면서 손으로 뿔을 쓰다듬었다.

"예, 어떤 농부가 제 휴대폰으로 전화를 했더라고요. 또 죽은 양 한 마리를 발견했다고 말이죠."

수사관은 물소에 정신이 팔린 채 고개만 끄덕였다. 그는 금요일 저녁이라는 시간을 양 살해 사건으로 보내야 한다는 사실에 짜증이 나 있었다. 그저 진귀한 물소 박제를 볼 수 있다는 게 그나마 위로가 됐다. 그는 노르데크에게 월요일에 인근 도시의 검찰로 출두해 몇 가지 질문에 응해 줄 수 있냐고 물었다. 수사관은 지금 서류를 꾸미고 싶은 생각은 조금도 없었다. 그는 그저 집에 가고 싶을 뿐이었다.

"물론이죠." 노르데크가 대답했다.

위에서 수색을 벌이던 수사관이 계단을 내려왔다. 그는 손에 갈색과 노란색으로 "필리거 킬"이라는 상표가 붙어 있는 시가 상자를 들고 있었다.

"이 상자 좀 보세요. 이거 당장 확보해야만 하겠는데요." 수사관이 말했다.

수사관의 목소리가 돌연 사무적으로 변하는 것을 들은 노르데크는 체념했다. 수사관이 손에 낀 고무장갑도 그의 태도가 돌변했음을 웅변했다. "그래야만 한다고 생각을 하신다면." 노르데크가 말했다. "거기 뭐가 들었죠? 필립은 시가를 피우지 않는데."

"욕실 벽에 헐거운 타일이 하나 있더군요. 그 뒤에서 이 상자를 찾아냈습니다." 경찰이 말했다. 노르데크는 자신의 집에 헐거운 타일이 있다는 사실에 화가 났다. 수사관은 조심스럽게 상자를 열었다. 허리를 숙이며 상자 안을 들여다보던 수사관들과 노르데크는 동시에 뒤로 주춤 물러섰다.

안이 플라스틱으로 처리된 상자는 두 개의 칸으로 나뉘어져 있었다. 각 칸에는 아직 마르지도 않았으며, 약간 일그러진 눈알이 각각 담겨 있었다. 뚜껑의 안쪽에는 한 소녀의 사진이 붙어 있다. 노르데크는 그게 누구인지 곧장 알아보았다. 초등학교 교사 게리케의 딸인 사비네였다. 그 아이는 어제가 열여섯 번째 생일이었다. 필립도 파티에 초대를 받았으며, 종종 사비네 이야기를 했었다. 노르데크는 아들이 사비네에게 사랑에 빠졌다고 생각했다. 그러나 지금 그의 얼굴은 백지장처럼 하얗게 질려 버렸다. 사진의 소녀에게 눈이 없었다. 눈이 있는 부분을 오려 냈다!

서둘러 주소록에서 교사의 전화번호를 찾는 노르데크의 손이 부들부들 떨렸다. 그는 수화기를 수사관들이 들을 수 있게 잡았다. 예상하지 못한 전화를 받은 게리케는 깜짝 놀랐다. 더욱 놀라운 것은 사비네가 집에 없다는 사실이다. 딸은 생일 파티를 끝내고 바로 뮌헨의 여자 친구에게 다녀온다고 떠났는데, 아직 도착했다는 전화를 하지 않았다고 했다. 그러나 전화를 잘 안 하는 성격이어서 별로 근심은 하지 않았다고 했다.

게리케는 노르데크를 안심시키려 했다. "아무 일도 없을 거예요. 필립이 역까지 데려다 준다고 했거든요."

◆ ◆ ◆

경찰은 역 직원 두 명을 상대로 질문 공세를 펼쳤으며, 노르데크의 집을 발칵 뒤집어 놓았고, 생일 파티에 참석했던 아이들을 일일이 만났다. 그러나 사비네가 어디에 있는지 짐작이라도 하게 해 줄 단서는 하나도 없었다.

시가 상자 안의 눈알을 검사한 법의학자는 그게 양의 눈임을 확인했다. 필립의 옷에 묻은 피도 양의 것이었다.

필립이 체포되고 몇 시간 뒤 어떤 농부 한 명이 자신의 집 뒷마당에서 죽은 양 한 마리를 발견했다. 그는 양을 어깨에 들쳐 메고 비를 맞으며 경찰서까지 왔다. 빗물을 잔뜩 머금은 가죽 때문에 양은 보통 무거운 게 아니었다. 피로 범벅이 된 빗물이 농부의 비옷 어깨 위로 줄줄 흘러내렸다. 그는 경찰서 계단에 양을 집어던졌다. 철퍼덕 하는 소리와 함께 나무로 만든 경찰서 문짝에는 시커먼 자국이 생겼다.

백작의 저택과 지붕이 야트막한 2백여 개의 집들로 이뤄진 마을을 이어 주는 길의 중간쯤에서 갈라져나간 좁다란 들길을 따라가다 보면 시냇가 제방에 프리슬란트 풍의 커다란 오두막이 한 채 서 있다. 갈대를 엮어 지붕에 얹은 이 집을 마을 사람들은 "딕 휘스"라고 불렀다. 정확히 무슨 뜻으로 그런 이름을 지어 줬는지는 모르지만, 아무래도 여기서 볼 수 있는 운해의 장관과 연관이 있으리라. 산자락 사이로 깔린 구름바다에서는 갈매기 소리가 들려오는 것 같았다. 한낮에 이곳은 아이들이 뛰노는 놀이터였으며, 저녁이면 사랑에 빠진 연인들이 퍼걸러* 아래를 거닐었다.

수사관들은 이곳의 비에 젖은 짚단더미 위에서 사비네의 휴대폰을 발견했다. 거기서 멀지 않은 곳에서는 머리띠도 나왔다. 사비네의 아버지는 그 머리띠가 딸이 생일 파티 때 했던 것이라고 말했다. 이내 지역은 차단되었으며, 수백 명의 경찰관들이 일대를 샅샅이 훑었다. 시체를 찾는 훈련을 받은 탐색 견까지 동원했다. 흰 방호복까지 챙겨 입은 특수수사반원들이 더 많은 증거물을 찾기 위해 총력을 기울였다. 그러나 더 이상 나온 것은 없었다.

◆ 뜰이나 편평한 지붕 위에 나무를 가로와 세로로 얹어 놓고 등나무 따위의 덩굴성 식물을 올려 만든 서양식 정자나 길.

수많은 경찰 병력은 그에 못지않은 기자들도 노르데크로 불러 들였다. 기자들은 거리에서 마주치는 사람마다 인터뷰를 해 댔다. 지친 마을 사람들은 집에서 나오는 일이 없었다. 창문에는 커튼을 드리웠으며, 심지어 '도르프크루크'라는 술집조차 텅 비었다. 알록달록한 가방을 든 기자들만 술집에 앉아 노트북을 켜놓고 느리기만 한 인터넷 속도에 악담을 퍼부어 가면서 있지도 않은 기사를 만들어 내기에 바빴다.

비는 며칠째 쉬지도 않고 내렸다. 밤이면 안개가 야트막한 지붕들을 뒤덮었다. 심지어 가축들조차 피곤한 표정을 지었다. 마을 주민들은 자기들끼리 모여 앞으로 어떻게 할지 대책을 쑥덕였으며, 노르데크 백작과 마주쳐도 인사조차 하지 않았다.

필립이 체포된 지 닷새째가 되자 검찰 대변인은 사비네의 사진을 공개하고 신문에 실종 광고를 싣게 했다. 다음날 백작의 저택 대문에 누군가 빨간 페인트로 "살인마" 하고 크게 써 놓았다.

감방에 갇힌 필립은 처음 사흘 동안 말을 거의 하지 않았다. 아주 가끔 뭐라고 하는 소리도 무슨 말인지 알아들을 수가 없었다. 나흘째가 되자 정신이 드는 모양이었다. 경찰이 그를 심문했고, 필립은 솔직하게 그들의 질문에 답했다. 다만, 양 이야기만 나오면 고개를 떨어뜨리고 침묵했다. 물론 수사관들의 관심은 사비네였다. 그러나 필립은 소녀를 역에 데려다 주었다는 말만 되풀이했다. 그 전에 먼저 "딕휘스"에 가서 이야기를 나누었다고 했다. "친구끼리 한 얘기에요." 필립의 말이었다. 아마도 사비네는 그때 휴대폰과 머리띠를 잃어버린 모양이다. 그는 사비네에게 아무 짓도 하지 않았다고 했다. 더 이상 그에게서 얻어 낼 것은 없었다. 정신과 의사와는 만나지 않으려 했다.

◆ ◆ ◆

수사를 총지휘한 사람은 크라우터 검사였다. 수사를 맡으면서 그는 거의 잠을 이루지 못했다. 아침 식탁에 마주 앉은 아내는 남편에게 밤에 이를 갈더라고 말했다. 그의 고민은 지금껏 아무 일도 일어나지 않는다는 데 있었다. 필립 폰 노르데크는 몇 마리의 양들을 무참하게 죽였다. 그러나 그것은 단지 일종의 기물 파괴이자 동물보호법을 위반한 것에 지나지 않았다. 재산상의 손해는 발생하지 않았다. 그의 아버지가 양의 값을 치렀기 때문이다. 그리고 농부들 가운데 누구도 형사 처분을 원하는 고소장을 제출하지 않았다. 사비네는 뮌헨의 여자 친구에게 도착하지 않기는 했다. "그러나 자유분방한 성격의 소녀는 평소에도 전화를 잘 하지 않았으며 연락을 하지 않는 데에는 그저 그런 대수롭지 않은 이유가 얼마든지 있을 수 있어." 크라우터는 아내에게 이렇게 말했다. 시가 상자만 가지고 필립이 소녀를 살해했다고 단정할 수는 없었다. 물론 그것 때문에 예심판사는 검사의 구속영장 신청을 받아들였지만 말이다. 아무튼 크라우터는 불편하고 괴로웠다.

시골에서 흔한 일이 아니었기에 필립의 몸 상태를 진찰하는 일은 신속하게 이루어졌다. 뇌 기능의 손상이나, 신경중추의 질병 혹은 염색체의 이상도 확인되지 않았다. "하지만," 크라우터는 말했다. "그 녀석은 완전히 미친 게 틀림없어."

내가 처음으로 검사와 만난 것은 체포된 지 엿새째가 되던 날이다. 구속적부심사는 다음날 열릴 예정이었다. 크라우터는 피곤해 보였지만, 마침내 누군가와 의견을 나눌 수 있다는 사실에 기뻐했다. "도착 증상은 라슈◆에 따르면 갈수록 심해지는 경향이 있다더군요. 지금까지 희생된 건 양뿐이지만, 그게 인간이지 말라는 법은 없지 않습니까?"

빌프리트 라슈는 죽을 때까지 법의학 정신분석의 대가로 활동한 사람이다. 시간이 가면서 도착증이 더욱 심해진다는 것은 그의 학설 가운데 하나이다. 하지만, 지금껏 우리가 알고 있는 필립의 행위로 미루어 볼 때, 나는 그가 도착증에 걸린 것으로 보이지 않았다.

◆ 1925~2000년. 독일의 법의학자. 정신분석학을 법의학에 적용한 인물이다.

크라우터와 이야기를 나누기에 앞서 나는 노르데크 백작의 부탁을 받고 양의 사체를 처리한 수의사와 만났다. 경찰은 이 수의사의 진술을 들어 볼 생각은 꿈에도 하지 않았으리라. 수의사는 아주 주의 깊은 관찰자였다. 그는 워낙 사건이 기이했던 나머지 죽은 양마다 짤막하지만 자세한 기록을 남겨 두었다. 나는 수의사가 그려 놓은 스케치들을 검사에게 건넸다. 검사는 쓱 한번 훑고 나서 이게 뭐지 의아해 하는 표정으로 나를 바라보았다. 양들은 각각 열여덟 번 칼에 찔린 자국을 보여 줬다. 경찰은 필립이 계속 "열여덟"이라는 말을 하더라는 기록을 남긴 바 있다. 뭔가 숫자와 관련이 있는 게 틀림없었다.

나는 필립이 성적 충동 때문에 그러는 것으로는 보이지 않는다고 말했다. 마지막으로 죽은 양의 사체를 부검한 법의학자는 필립이 성적 흥분 때문에 동물을 죽였다는 흔적을 찾을 수 없었다고 했다. 정액의 흔적은 전혀 없었으며, 죽은 양을 상대로 성행위를 시도하지도 않았다.

"내가 보기에 필립은 도착증을 앓고 있는 게 아닙니다." 내가 말했다.

"그럼 대체 뭐죠?"

"그는 아마도 정신 분열증에 시달리는 것 같아요."

"정신 분열?"

"예, 그는 무언가 두려워하고 있어요."

"그럴 수 있겠군요. 하지만, 정신분석 전문가하고는 도통 얘기를 하려들지 않아요." 크라우터가 말했다.

"꼭 정신과 상담을 해야 하는 것도 아니죠." 내가 대꾸했다. "문제는 의외로 간단할 수 있어요, 크라우터 씨. 지금 당신이 가진 건 아무것도 없습니다. 시체가 있는 것도 아니고, 무슨 범죄를 증명하는 증거를 가진 것도 아니죠. 하다못해 하찮은 단서라도 하나 없습니다. 그럼에도 당신은 필립을 가두었어요. 양을 죽였다고 말이죠. 그러나 구속 명령은 사비네 게리케의 살해 혐의로 떨어졌습니다. 이게 무슨 말도 안 되는 상황인가요? 지금 필립은 당신이 좋지 않은 느낌을 가졌다는 이유 하나로 감옥에 있는 겁니다."

크라우터는 내 말이 옳다는 것을 잘 알았다. 그리고 나도 그가 그걸 안다는 것을 모르지 않았다. 그러고 보면 검사보다는 변호사가 많은 경우 더 쉬운 직업이다. 변호사로서 내 임무는 의뢰인의 편을 들어주는 것이다. 그렇지만 크라우터는 중립을 지켜야만 한다. 그리고 정확하게 중립을 지키기란 간단한 일이 아니다. "소녀가 다시 나타나기만 한다면, 그때는 필립을 풀어 주겠습니다." 크라우터가 말했다.

크라우터는 창을 등지고 앉아 있다. 창문을 때리는 빗줄기가 굵은 줄을 이루며 흘러내린다. 크라우터는 의자를 돌려 내 시선이 향하는 곳을 바라보았다. 하늘은 짙은 먹구름으로 온통 회색이다. 우리는 5분을 그렇게 앉아 빗줄기만 바라봤다. 우리 가운데 누구도 입을 열지 않았다.

◆ ◆ ◆

나는 노르데크의 집에 묵었다. 19년 전 필립이 영아세례를 받을 때 이 집에 왔던 기억이 새삼스레 떠올랐다. 저녁을 먹는데 어디선가 돌이 날아와 창문을 때렸다. 노르데크는 이번 주에만 벌써 다섯 번째라고 하면서, 경찰에 이 일로 전화를 해 봐야 아무 소용이 없다고 했다. 다만 내 승용차는 안뜰에 있는 헛간 가운데 한 곳에 주차하게 했다. 그냥 밖에 두면 타이어를 찢어 놓을 게 분명하다는 거였다.

자정쯤 침대에 누워 있는데 필립의 누이동생인 빅토리아가 내 방으로 들어왔다. 이제 다섯 살인 빅토리아는 알록달록한 색깔의 잠옷을 입었다. "아저씨, 필립 오빠를 다시 데려오실 수 있어요?" 눈을 동그랗게 뜨고 빅토리아가 물었다. 나는 자리에서 일어나 아이를 내 어깨에 태워 다시 아이 방으로 데려갔다. 문이 높아서 목말을 탄 빅토리아의 이마가 부딪치지 않아 좋았다. 옛

날식으로 지은 집이 갖는 몇 안 되는 장점 가운데 하나이다. 나는 빅토리아를 침대에 누이고 이불을 덮어 줬다.

"콧물감기 걸려 본 적 있어?" 내가 물었다.

"네."

"저기 빅토리아야, 필립은 지금 머리에 감기 같은 게 걸린 거야. 조금 아프지만 이제 곧 건강해질 거야."

"머리가 콧물을 흘린다고요?" 빅토리아의 눈이 휘둥그레졌다. 내가 든 예가 별로 좋지 않았던 게 분명했다.

"머리가 콧물을 흘릴 수는 없지. 필립은 그냥 머리가 좀 어지러운 것일 뿐이야. 나쁜 꿈꿔 본 적 있지? 꼭 그럴 때처럼 말이야."

"잠에서 깨면 괜찮아져요." 빅토리아가 종알거렸다.

"그래, 바로 그거야. 필립은 잠에서 깨어나야만 돼."

"오빠를 다시 데려다 주실 거죠?"

"몰라." 내가 말했다. "노력은 해봐야지."

"나디네가 그러는데 오빠가 나쁜 짓을 저질렀대요."

"나디네가 누구지?"

"나디네는 나랑 제일 친한 친구에요."

"필립은 나쁘지 않아, 빅토리아. 이제는 잠을 자야지."

빅토리아는 잠을 이루지 못했다. 그 아이는 내가 아는 게 별로 없다는 사실이 불만이었다. 오빠를 걱정하는 마음이 애틋했다.

눈이 말똥말똥하던 빅토리아는 나에게 이야기를 해 달라고 했다. 나는 양도 병도 나오지 않는 것으로 이야기를 한편 지어냈다. 빅토리아가 잠이 들자 나는 자료와 노트북을 꺼내들고 빅토리아 방에서 새벽이 올 때까지 일을 했다. 빅토리아는 두 번 잠에서 깨었다. 똑바로 앉아 잠깐 나를 어리둥절한 눈으로 바라본 빅토리아는 다시 쓰러져 잠에 빠졌다. 새벽 6시쯤 나는 현관에 있던 주인의 고무장화 가운데 한 켤레를 신고 안마당으로 나왔다. 담배를 한 개비 피우고 싶었다. 축축하고 추운 날씨였다. 밤을 꼬박 새웠다. 구속적부심사 때까지는 고작 여덟 시간이 남아 있었다.

이날도 사비네에 관한 소식은 없었다. 벌써 일주일째 행방불명이다. 크라우터 검사는 미결구류 기간의 연장을 신청했다.

구속적부심사는 대개 그야말로 내키지 않는 일이다. 법은 수감자를 상대로 이른바 "심각한 혐의"가 여전히 성립하는지 조사하도록 정하고 있다. 표현은 단호하고 명백하지만, 현실에서 "심각한 혐의"의 성립 여부를 다루기란 여간 까다로운 게 아니다. 이 시점에서 수사는 갓 시작되었을 따름이며, 안건은 이제 가까스로 윤곽을 어렴풋하게 드러냈다. 아직 모든 게 불투명하기만 하다. 법관에게도 쉬운 일이 아니다. 그는 아무 죄가 없는 사람의 자유를 놓고 판단을 내려야 한다. 구속적부심사는 정식 재판에 비해 형식을 훨씬 덜 따진다. 일반에 공개하지 않으며, 판사와 검사와 변호사가 법복을 입지도 않는다. 그러나 실제에서는 한 사람의 신체적 자유를 좌지우지하는 아주 심각한 이야기가 오가는 게 구속적부심사이다.

필립 폰 노르데크의 사건을 다루는 예심판사는 젊은 청년이었다. 그는 이제 막 수습기간을 끝낸 그야말로 병아리 판사였다. 그는 잔뜩 긴장해서 그 어떤 실수도 하지 않으려 안간힘을 썼다. 30분 뒤 그는 양쪽 주장을 충분히 들었으므로, 결정을 전담 부서의 더 자세한 보고가 올라올 때까지 유예하겠다고 했다. 이는 다시 말해서 14일 동안의 직권 연장 기간을 활용해 수사기관의 수사 결과를 기다리겠다는 뜻이다. 관련 당사자 모두에게 불만스러운 결정이었다.

법원을 나서는데 하늘에서는 여전히 비가 쏟아졌다.

◆ ◆ ◆

사비네는 콜룬트와 플렌스부르크 사이를 오가는 페리의 2등 객실 나무 의자에 앉아 있었다.◆ 그녀는 해수욕장에 다녀오는 길

◆ 여기 등장하는 지명은 덴마크와 국경 지대에 위치한 독일 항구 도시 플렌스부르크이다. 콜룬트는 덴마크 쪽에 위치한 휴양지이다.

이었다. 해수욕장이라고 해 봐야 가구점 하나에 짧은 백사장이 고작이었지만 말이다. 비가 내리기는 했지만 그래도 라르스와 함께 보낸 일주일이 행복하기만 했다. 라르스는 같은 마을에 사는 젊은 농부였다. 등에 좋아하는 축구팀 이름을 문신으로 새긴 지극히 평범한 요즘 청년이었다. 사비네는 그와 함께 보낸 일주일을 부모에게 철저히 비밀에 붙일 생각이었다. 아버지가 라르스를 좋아하지 않았기 때문이다. 부모는 자기가 하는 일이라면 믿어 준다고 사비네는 생각했다. 굳이 전화를 해야 할 필요를 느끼지 못하는 전형적인 요즘 십대 철부지였다.

달리 볼 일이 있던 라르스는 사비네를 배에 태워 주고 돌아섰다. 이제 사비네는 겁이 더럭 났다. 조그만 페리에 올라탔을 때부터 칼로 갈기갈기 소매를 찢은 점퍼를 입은 험상궂은 남자가 자신을 노려보는 통에 오금이 저렸다. 눈길 한번 돌리지 않고 그녀의 얼굴을 똑바로 쳐다보던 남자가 이제는 자리에서 일어나 성큼성큼 사비네에게 다가왔다. 얼른 자리에서 일어난 사비네가 도망을 가려는데 남자가 굵직한 목소리로 물었다. "당신, 사비네 게리케가 맞죠?"

"에, 음, 예."

"이런 경을 칠, 이봐 아가씨, 당장 집에 전화 하쇼! 지금 전국이 당신을 찾느라 발칵 뒤집어진 걸 몰라요? 여기 이 신문 좀 보라고!"

 그로부터 얼마 뒤 사비네 부모의 전화벨이 울렸으며, 30분 뒤 크라우터 검사는 나에게 전화를 했다. 사비네는 남자 친구와 가출을 했던 것이라고, 오후에는 돌아올 예정이라고 말했다. 이내 필립은 감옥에서 풀려났다. 그러나 그는 반드시 정신과 치료를 받아야만 했다. 나는 이미 필립과 그의 아버지에게 치료의 필요성을 설명했으며, 합의를 본 상태였다. 크라우터는 내게 그 문제를 알아봐 달라고 간청했다.

◆ ◆ ◆

 나는 아이들이 블록으로 쌓아 놓은 것만 같아 보이는 형무소에서 필립을 데리고 나왔다. 물론 필립은 자유의 몸이 된 것을 기뻐했다. 사비네가 건강하게 살아 있다는 소식에 그는 펄쩍 뛰며 환호성을 질렀다. 부모의 집으로 돌아가는 길에 나는 필립에게 산책을 할 생각이 없냐고 물었다. 우리는 좁다란 들길을 따라 걸었다. 머리 위로는 에밀 놀데*의 짙푸른 하늘이 빛났다. 비는 멎었으며 새들이 지저귀는 소리가 들렸다. 우리는 필립의 기숙학교와 모터사이클 그리고 그가 최근 즐겨 듣는 음악을 두고 이야

◆ 1867~1956년. 독일의 수채화가. 선명함이 살아 있는 색감으로 유명하다.

기를 나눴다. 불현듯 필립은 묘한 이야기를 했다. 정신과 의사 앞에서는 결코 하지 않을 이야기였다. 또 바로 내가 기대했던 바로 그것이었다.

"저는 사람과 동물이 숫자로 보여요."

"그게 무슨 말이야?"

"어떤 동물을 보면 곧바로 숫자가 떠올라요. 예를 들어 저 뒤의 암소는 36이에요. 저기 저 새는 22이고, 판사는 51이며, 검사는 23이에요."

"곧장, 아니면 생각을 해 본 끝에?"

"곧장요. 제 눈에는 숫자가 보여요. 저마다 얼굴이 다른 것처럼 숫자도 달라요. 생각을 하고 아는 게 아니에요. 그냥 숫자가 보여요."

"나는 무슨 숫자를 가졌어?"

"아저씨는 5요, 좋은 숫자죠." 우리는 누가 먼저랄 것 없이 웃음을 터뜨렸다. 체포당하고 나서 처음 보는 필립의 웃음이었다. 우리는 한동안 아무 말이 없이 나란히 걸었다.

"필립, 18은 뭐지?"

그는 흠칫 놀라며 나를 바라보았다. "왜 하필 18이죠?"

"너는 여경에게 계속 '열여덟'이라고 했다더구나. 양을 열여덟 번 찔렀고."

"아녜요, 그건 맞지 않아요. 저는 양을 죽이고 나서 양쪽 옆구리와 등을 각각 여섯 번씩 찔렀을 뿐이에요. 눈알도 빼내야만 했어요. 아주 어려운 일이었죠. 첫 번째로 빼낸 눈알은 망가지고 말았어요." 필립은 몸을 떨기 시작했다. 마침내 그가 내뱉듯 말했다.

"저는 18이 두려워요. 그건 악마예요. 여섯을 세 번 곱한 것. 열여덟. 아시겠어요?"

나는 의아한 표정으로 필립을 보았다.

"세상의 종말이죠. 주님을 믿지 않은 벌이에요. 열여덟은 동물과 악마의 수예요." 필립은 거의 악을 쓰듯 말했다.

사실 성경의 요한계시록을 보면 666이라는 숫자가 나온다. 그 숫자가 나오는 구절은 정확히 다음과 같다. "지혜가 여기 있으니 총명한 자는 그 짐승의 수를 세어 보라. 그것은 사람의 수니 그의 수는 육백육십육이니라."◆

"제가 양들을 죽이지 않으면 그 눈알들이 이 땅을 불태울 거예요. 그 눈알은 죄악이죠, 선악과에서 딴 사과죠. 모든 걸 파괴시킬 거예요." 필립은 이렇게 말하며 어린애처럼 꺽꺽 소리를 내며 울었다. 온몸을 사시나무 떨 듯 했다.

"필립, 잘 들으렴. 너는 양과 그 기묘한 눈이 싫은 것일 뿐이야. 그건 얼마든지 이해할 수 있어. 그러나 요한계시록의 그 대목을

◆ 이 대목은 성경의 요한계시록 13장 18절에 나오는 말이다. 성경은 개역개정판을 참고했다.

두고 소란을 떠는 것은 말도 되지 않는 소리야. 요한은 666이라는 숫자를 가지고 악마를 이야기한 게 아니야. 그는 다만 로마 황제 네로를 그런 식으로 빗댄 것에 지나지 않아."

"예, 뭐라고요?"

"히브리의 숫자 쓰는 방식을 가지고 네로 황제의 이름 글자를 더하면 666이 되거든. 그게 전부야. 네로를 대놓고 욕할 수 없었던 요한은 암호를 남긴 셈이야. 일종의 반정부운동이랄까. 사실 신앙과는 별 관계가 없는 이야기일 뿐이라고."

필립은 여전히 울고 있었다. 그에게 성경에서 말하는 천국의 선악과라는 게 그 숫자하고 상관이 없다고 말해 주는 것은 아무 의미가 없는 헛수고였다. 필립은 신앙에 너무 푹 빠져 있었던 것이다. 언제부터인가 그가 울음을 멈추고 진정을 했다. 우리는 걸어서 자동차로 돌아갔다. 공기는 맑고 상큼했다. 얼마 뒤 내가 물었다. "한 가지 물어볼 게 있어."

"예?"

"이 모든 게 사비네와는 무슨 관련이 있지? 왜 그 아이 사진에서 눈을 오려낸 거니?"

"사비네 생일 며칠 전 제 방에서 사비네와 이야기를 나눴어요." 필립이 말했다. "갑자기 걔 눈이 양의 눈이 되어 있더라고요. 남자 친구와 잠을 잤다고 하더라고요. 그래서는 안 된다고 분명하게 말해 줬죠. 생일 저녁에 딕휘스에서도 그 이야기를 나눴어요. 그러나 사비네가 귀를 막고 듣지 않으려 했죠. 무섭고 두려웠나 봐요. 저는 분명히 알 수 있었어요."

"뭘 분명히 알았다는 거지?" 내가 물었다.

"그녀는 이름도 성도 알파벳으로 각각 여섯 글자예요."

"그래서 걔를 죽일 생각이니?"

필립은 오랫동안 내 얼굴을 물끄러미 바라보았다. 그리고 말했다. "아뇨, 저는 사람은 죽이지 않아요."

◆ ◆ ◆

일주일 뒤 나는 필립을 데리고 스위스의 정신병 요양병원을 찾았다. 필립은 아버지가 함께 오는 것을 원하지 않았다. 우리가 짐을 풀어 놓고 나자 병원 원장이 밝은색의 현대식 병원 건물을 안내했다. 필립은 그곳에서 잘 지냈다. 물론 그게 정신병 요양원이라는 것을 염두에 둬야 할 필요는 있지만 말이다.

나는 원장 의사와 오랫동안 전화 통화를 했었다. 원장 역시 직접 보지는 못했지만 필립이 과대망상적인 정신분열증을 앓고 있다는 소견을 나타냈다. 이 병은 희귀병은 아니다. 전체 인구의 약 1퍼센트 정도가 인생을 살며 한 번쯤 이 병을 앓는다. 억누르기만 했던 감정이 돌연 폭발하면서 생각과 지각 능력에 내용적으로나 형식적으로 장애를 불러일으키는 경우가 잦다. 환자들은 대개 환청을 들으며, 누구에게 쫓긴다거나 자신이 태풍이나 지진과 같은 자연재해를 불러왔다고 믿는다. 혹은 필립처럼 망상에 시달리기도 한다. 병은 약물치료를 하면서 오랜 기간에 걸쳐 요양을 해야 한다. 무엇보다도 환자가 주변에 신뢰를 갖고 마음의 문을 열어 놓는 게 중요하다. 완치될 확률은 약 30퍼센트 정도에 달한다.

병원 안내가 끝난 다음 필립은 병원 입구까지 나를 배웅했다. 그는 외롭고 우울하며 쉽게 겁을 먹는 청년이었다. 그가 말했다.

"아저씨는 제가 어떤 숫자를 갖는지는 단 한 번도 묻지 않으시네요."

"그랬구나. 그래 네 수는 뭐니?"

"녹색♦이요!" 필립은 이렇게 말하고 돌아서서 병원으로 들어갔다.

♦ 독일어에서 녹색은 '그륀Grün'이다. 상대방의 말에 '그륀'이라고 하는 것은 당신과 내가 똑같다는 말이다. 그러니까 필립은 자신의 수가 5라고 말한 것이다. '그륀'을 풀면 'G-r-u-e-n', 이렇게 다섯 글자이다.

story 9
가시

story 9 — 가시

───── 펠트마이어는 지금껏 살아오면서 참으로 많은 직업을 전전해 왔다. 우편배달부였으며 식당 종업원이었고 사진사였으며 피자 요리사였는가 하면 반년 동안 대장장이 일도 해 봤다. 35살이라는 나이로 시립 고대박물관의 경비원 자리에 지원을 했으며, 취직이 되었다는 사실에 본인부터 놀라고 말았다.

필요한 모든 서류를 작성하고 묻는 질문에는 남김없이 답했으며 출입증에 붙일 증명사진을 제출하고 나자 그는 탈의실로 가서 회색 제복 세 벌과 약간 밝은 푸른색의 셔츠 여섯 장 그리고 검은 구두 두 켤레를 받았다. 앞으로 같이 일할 동료라고 자신을 소개한 사람이 그를 안내하며 박물관 곳곳을 보여 줬다. 구내식당, 휴게실, 화장실을 차례로 둘러보고 난 다음, 출퇴근 시간을 자동으로 기록하는 시간기록계의 작동법도 알려 줬다. 마지막으로 펠트마이어가 본 곳은 자신이 경비를 서야 하는 전시실이었다.

펠트마이어가 박물관을 안내받고 다니는 동안, 인사과의 두 명의 여직원 가운데 한 명인 투루카우는 그의 서류를 정리해 인사 기록철에 담았다. 그 가운데 몇 장은 경리과로 보내야 한다. 경비원의 이름과 인적 사항은 카드에 옮겨 적고 알파벳순으로 분류를 해서 정리했다. 매 여섯 주마다 경비원들은 새로운 순번을 정해 근무 공간을 바꾸었다. 근무가 지루할까 배려한 조치였다.

일하는 내내 투르카우는 남자 친구 생각만 했다. 어제 거의 여덟 달 동안 근무가 끝나면 만났던 카페에서 남자 친구는 그녀에게 프러포즈를 했다. 얼굴이 빨갛게 달아오른 남자는 손을 부들부들 떨면서 말까지 더듬었다. 손이 땀에 흠뻑 젖었는지 카페의 대리석 탁자 위에 커다란 자국이 남았다. 여자는 너무나 기쁜 나머지 펄쩍 뛸 지경이었다. 카페의 손님들이 보는 앞에서 남자에게 키스를 했으며, 둘은 서로 얼싸안은 채 남자의 집으로 달렸다. 밤새 일을 치른 덕에 여자는 눈꺼풀이 천근같았으며, 머릿속은 온갖 계획들로 들끓었다. 이제 조금만 있으면 다시 만난다. 남자가 데리러 오겠다고 약속을 했다. 투르카우는 화장실로 가서 30분 정도 시간을 보냈다. 화장을 고치고 나와 괜히 할 일이 없어서 멀쩡한 연필을 또 깎았으며 사무용 클립들을 헤아렸다. 복도로 나와 창밖을 보며 서성거려도 시간은 좀체 가지 않았다. 마침내 재킷을 껴입은 여자는 한달음으로 출구를 향해 뛰었다. 남자의 품에 덥석 안겼다. 투르카우는 창문 잠그는 것을 깜빡했다.

나중에 청소부가 사무실 문을 열었을 때 휙 불어닥친 바람이 반쯤 채운 카드를 허공에 날려 버렸다. 바닥에 떨어진 카드는 청소부의 빗질에 휩쓸려 쓰레기통으로 사라졌다. 다음날 투루카우는 거의 모든 것을 기억해 냈지만, 펠트마이어의 카드만 잊어버렸다. 그의 이름은 순환 근무를 위해 분류되지 않았다. 일 년 뒤 투루카우가 출산을 하고 퇴직하면서 펠트마이어가 분류되지 않았다는 사실은 까맣게 잊혀졌다.

그래도 펠트마이어는 불평 한 번 하는 일이 없었다.

◆ ◆ ◆

전시 홀은 거의 텅 비었다. 8미터 높이에 넓이가 약 150제곱미터의 공간이었다. 벽과 둥근 타원형의 천장은 붉은 벽돌을 쌓아 만든 것이다. 벽돌에 석회를 함께 넣어 구운 탓에 붉은색은 은은했으며, 따뜻한 느낌을 주었다. 바닥에는 연한 잿빛이 감도는 푸른 대리석을 깔았다. 이 홀은 박물관의 날개 건물에 잇달아 있는 열두 개의 전시실 가운데 마지막 전시실이다. 홀의 중앙에는 회색 돌 받침대 위에 반신상이 서 있었다. 세 개의 높다란 창문 가운데 중간 창문 아래에 경비원을 위한 의자가 놓여 있으며, 왼쪽 창턱에는 습도계가 유리 덮개 아래 달려 있다. 이 기계는 아주 조용한 소리로 재깍거렸다. 창 앞의 박물관 안뜰에는 상수리나무가 몇 그루 서 있다. 이웃 경비원은 네 개의 홀 건너 근무한다. 펠트마이어는 종종 멀리서 대리석 바닥을 오가는 구두 밑창이 끌리는 소리를 들었다. 박물관 안은 그 정도로 조용했다. 펠트마이어는 의자에 앉아 하염없이 기다렸다. 물론 자신이 뭘 기다리는지 몰랐다.

근무 첫 주에는 불안하기만 했던 펠트마이어였다. 5분마다 자리에서 일어나 홀 안을 서성거렸다. 끝에서 끝을 오가며 그게 전부 몇 발자국인지 헤아렸다. 찾아오는 관람객마다 그렇게 반가울 수 없었다. 펠트마이어는 무료해서 견딜 수가 없었다. 일거리를 찾았다. 집에서 가지고 온 대나무 자로 대리석 판의 길이와 폭을 쟀다. 그 수치를 가지고 공간 전체의 넓이를 계산해 봤다. 그러자 대리석 판과 판 사이의 홈을 까먹은 게 생각이 났다. 이것도 재서 같이 계산했다. 벽과 천장은 어려웠다. 그러나 펠트마이어에게 시간은 차고도 넘쳤다.

펠트마이어는 노트를 가지고 다녔다. 거기에 계산한 것을 모두 적었다. 문과 문틀의 크기도 쟀다. 열쇠구멍을 내기 위해 얼마나 잘라 냈는지 정확하게 알아냈다. 손잡이의 길이를 측정했으며, 난방 스팀의 크기와 창문 손잡이, 이중 유리창 사이의 간격, 습도계와 조명 스위치의 크기도 빠짐없이 재고 기록했다. 펠트마이어는 자신이 근무하는 전시실이 몇 세제곱미터의 공기를 수용

하는지, 햇살이 일 년의 언제 어떤 날에 얼마나, 어떤 각도로 무슨 기왓장에 비추는지 하는 것까지 줄줄이 꿰었다. 그는 실내의 평균 습도와 그게 아침과 점심과 저녁에 따라 어떻게 달라지는지도 알았다. 입구에서부터 헤아려 열두 번째와 열세 번째 대리석 판을 이은 홈이 다른 것에 비해 0.5밀리미터 더 좁다는 사실까지 알아냈다. 그리고 왼쪽 창의 손잡이 아래 창틀에 푸른색 페인트가 약간 묻어 있는 것을 발견했다. 어떻게 해서 그런 게 생겨났는지 도통 알 수가 없었다. 공간 안에는 푸른 페인트를 칠한 게 전혀 없었기 때문이다. 난방 스팀에는 칠이 완전히 되지 않은 작은 흠이 하나 있었다. 그리고 그 뒤 벽의 벽돌에는 바늘만한 크기의 구멍이 세 개 있었다.

펠트마이어는 방문객의 수도 헤아렸다. 그들이 자신의 전시실에서 얼마나 오래 머무르며, 어떤 측면에서 조각상을 구경하고, 창밖은 몇 차례나 내다보는지, 누가 경비원인 자신을 보고 목례를 하는지, 하나도 빼놓지 않고 통계를 냈다. 방문객의 남녀 비율도 계산했다. 아이들과 학급 선생, 상의 색깔, 외투, 스웨터, 바지, 치마, 심지어 양말에 이르기까지 그의 눈길을 피할 수 없었다. 손님이 홀 안에 들어서서 몇 번이나 호흡을 하는지 헤아렸다. 어떤 대리석 판을 몇 번이나 밟는지 하는 것도 관찰의 대상이었다. 말은 몇 마디나 하며, 또 어떤 말을 쓸까 귀를 쫑긋 기울였다. 머리카락, 눈, 피부 따위의 색깔을 두고 통계를 내기도 했다. 목도리와 핸드백과 허리띠도 관심의 대상이었고, 또 다른 편으로는 대머리와 수염 그리고 결혼반지까지 통계를 냈다. 심지어 파리의 수까지 헤아렸으며, 파리의 비행 운동과 착륙 장소 사이에 어떤 체계적인 연관이 있는지 꼼꼼하게 살폈다.

◆ ◆ ◆

박물관은 펠트마이어를 바꾸어 놓았다. 저녁에 텔레비전 소리를 도저히 참지 못하는 데서부터 변화는 시작되었다. 이후 거의 반년을 무음으로 틀어 놓더니, 그 다음에는 아예 꺼 버렸다. 결국 복도 맞은편으로 이사 온 대학생 부부가 텔레비전을 횡재했다. 다음 차례는 사진이었다. 그는 자신이 찍은 예술 사진을 몇 점 가지고 있었다. "사과와 비단", "해바라기", "바츠만"◆ 등의 제목을 붙여 놓았던 사진의 컬러가 언제부터인지 혼란스럽게만 느껴졌다. 모두 쓰레기통으로 직행했다. 차츰차츰 펠트마이어는 자신의 집 안을 비워 냈다. 잡지, 화분, 장식이 들어간 재떨이, 찻잔, 백합 무늬가 화려한 식탁보, 톨레도◆◆ 유적을 담은 두 개의 장식 접시

◆ 독일 알프스에서 세 번째로 높은 봉우리. 호수와 숲이 어우러지는 데다 만년설까지 이고 있어 천혜의 경치를 자랑한다.
◆◆ 스페인 마드리드 남쪽의 도시. 서고트와 카스티야 왕국의 수도였다.

등이 차례로 버려졌다. 아무튼 남아나는 게 없었다. 벽지를 뜯어낸 펠트마이어는 매끈하게 회칠을 한 다음, 흰색 페인트를 발랐다. 양탄자를 내다 버리고 마룻바닥을 깨끗이 대패로 밀었다.

이태가 지나자 펠트마이어의 인생은 정확한 리듬대로 흘러갔다. 매일 아침 6시면 자리에서 일어났다. 그런 다음 날씨가 어떻든 도시 공원을 한 바퀴 돌아 정확히 5,400보를 걸었다. 횡단보도의 신호등이 푸른색으로 바뀌는 꼭 바로 그 순간에 길을 건너야 마음이 편했다. 리듬을 지키는 데 조그마한 실수라도 하는 날이면, 그날은 내내 불편했다.

매일 저녁 집에 돌아오면 펠트마이어는 낡은 바지로 갈아입고 바닥 청소를 한다. 먼지나 때만 훔치는 게 아니라 무릎을 마룻바닥에 대고 닦아 광택까지 냈다. 거의 한 시간 가까이 걸리는 고된 작업이었다. 그 일이 끝나야 하루가 만족스러웠다. 아주 세심하게 살림살이를 돌봤으며, 깊고 평안한 잠을 잤다. 일요일에는 언제나 같은 식당에 가서 만찬을 즐겼다. 통닭을 한 마리 주문해서 맥주 두 잔을 곁들였다. 대개 식당 주인과 담소를 나누었다. 식당 주인은 같은 학교를 다닌 동창생이었다.

박물관에 취직하기 전에는 사귀는 여자가 끊긴 적이 없었던 펠트마이어였다. 그러나 이제 여자는 그의 관심에서 점차 멀어져 갔다. 식당 주인에게 했던 표현을 그대로 빌리자면, 여자는 그에게 그냥 "너무 성가셨다." 감당하기 싫었다. "여자는 말이야, 한마디로 너무 시끄러워. 바라는 게 너무 많다니까. 어째서 내가 모르는 질문만 골라 가며 하지? 박물관 일을 두고 내가 할 말은 없어."

펠트마이어가 그동안 즐겼던 유일한 취미는 사진이었다. 그는 아주 멋진 라이카*를 가지고 있었다. 고급 제품을 중고품으로 좋은 가격에 구입한 것이었다. 한때 가졌던 직업에서 사진을 손수 인화하는 기술도 익혔다. 집의 헛간을 이용해 암실까지 만들었던 펠트마이어였다. 그러나 박물관에 일하면서부터 사진 찍는 일도 시들해졌다.

어머니와는 정기적으로 통화를 했으며, 3주마다 찾아뵈었다. 어머니가 돌아가시자 이제 그에게 남은 핏줄은 없었다. 펠트마이어는 전화국에 연락해 전화를 해지하겠다고 했다.

그의 인생은 평온하게 흘러갔다. 흥분과 자극은 일체 피했다. 행복하다고 말할 수는 없었지만, 불행한 것은 아니었다. 펠트마이어는 자신의 인생에 만족했다.

적어도 조각상과 씨름하기까지는 말이다.

◆ 카메라 발전의 역사에 한 획을 그은 독일의 카메라 상표.

◆ ◆ ◆

　문제의 조각상은 고대 전설에서 모티브를 따온 "가시 뽑는 소년"이라는 작품이었다. 실오라기 하나 걸치지 않은 소년이 바위에 앉아 등을 앞으로 구부리고 왼발을 오른쪽 허벅지 위에 얹고서 발바닥을 들여다본다. 왼손으로 왼발의 발등을 잡은 소년은 오른손으로 발바닥에 박힌 가시를 뽑는다. 펠트마이어 전시실의 대리석 조각상은 그리스의 원작을 로마풍으로 다듬은 작품이다. 뭐 그렇게 특별한 작품이라고는 할 수 없었다. 모작이 헤아리기조차 힘들 정도로 많았기 때문이다.

　펠트마이어는 이미 오래전에 조각상의 크기를 정확하게 쟀으며, 관련된 자료는 모두 찾아 읽었다. 이제는 조각상이 바닥에 드리우는 그림자를 눈 감고도 선명하게 그려 낼 수 있을 정도였다. 그러나 박물관에서 7년째인가 8년째 사이의 언제부터인가, 아무튼 정확한 시점은 모르지만, 그때부터 모든 게 시작되었다. 펠트마이어는 자신의 의자에 앉아 조각상을 바라보았다. 사실 눈만 그쪽으로 향했을 뿐 실제로 보고 있는 것은 아니었다. 문득 펠트마이어는 소년이 대체 발바닥에 꽂힌 가시를 찾아냈을까 하는 의문이 들었다. 왜 갑자기 그런 의문이 드는지 알 수가 없었다. 불현듯 고개를 든 의문은 펠트마이어의 머릿속에 똬리를 틀고 사라질 줄을 몰랐다.

그는 조각상으로 다가가 자세히 살폈다. 발바닥에서 가시를 찾을 수는 없었다. 펠트마이어는 버럭 짜증이 났다. 이를 어쩌면 좋을까 하는 초조함을 지울 수가 없었다. 오랫동안 단 한 번도 가져 본 일이 없던 감정이었다. 오래 들여다보면 볼수록 헐벗은 소년이 가시를 대체 찾아낸 것인지 아리송하기만 했다. 이날 밤 펠트마이어는 잠을 설쳤다. 다음날 아침마다 늘 하는 공원 산책도 빼먹고, 커피를 엎질렀다. 너무 일찍 출근하는 바람에 직원 출입구가 열리기까지 30분을 밖에서 떨며 기다려야만 했다.

호주머니 안에는 확대경을 넣어 왔다. 그는 달리다시피 자신의 홀 안으로 서둘러 가서 확대경으로 조각상의 발바닥을 꼼꼼하게 살폈다. 가시는 없었다. 소년의 엄지와 검지 사이에도, 발바닥에도 가시는 자취를 찾을 수 없었다. 혹 소년이 이미 가시를 떨어뜨린 것은 아닐까 하는 의문이 들었다. 조각상 앞에서 무릎을 꿇은 펠트마이어는 바닥을 샅샅이 훑었다. 돌연 어지럽고 속이 메스꺼워진 펠트마이어는 화장실로 달려가 속을 깨끗이 비워 냈다.

펠트마이어는 가시 일을 떠올리지 않았더라면 얼마나 좋았을까 가슴을 쳤다.

그뒤 몇 주 동안 펠트마이어의 상태는 바닥을 모르고 곤두박질쳤다. 매일 소년 앞에 죽치고 앉아 고민에 빠졌다. 소년이 무얼 하고 놀았을까 상상을 했다. 숨바꼭질 아니면 축구? '아니다.' 펠트마이어는 자신이 읽었던 책을 떠올렸다. '그건 틀림없이 달리기 시합일 거야.' 그리스에서는 툭 하면 달리기 시합을 했다고 했다. 맨발로 달리다가 소년은 작은 가시에 찔린 것이다. 너무 아파 서 있을 수조차 없었으리라. 이미 저만치 앞서 달리는 다른 아이들을 바위에 앉아 지켜봐야만 하는 소년은 얼마나 속이 상했을까. 그리고 눈에 보이지도 않는 이 빌어먹을 가시는 벌써 수백 년을 소년의 발바닥에 박혀 빠질 줄을 모른다. 펠트마이어는 갈수록 신경질적이 됐다. 그렇게 두어 달이 흐르면서 아침에 깰 때 식은땀이 나고 가슴이 답답했다. 아침에 휴게실에서 오래 빈둥거렸으며, 동료들이 등 뒤에서 '수도사'라고 놀리는 바로 그 펠트마이어가 구내식당에서 만나는 사람마다 붙들고 수다를 떨어 댔다. 될 수 있는 한 자신의 전시실에 늦게 들어가려는 몸부림이었다. 결국 소년을 마주하면, 그쪽을 차마 쳐다보지도 못했다.

상황은 갈수록 나빠졌다. 펠트마이어는 식은땀을 줄줄 흘렸으며, 심장이 두근거려 견딜 수가 없었고, 손톱을 질근질근 깨물었다. 꾸벅꾸벅 졸면서도 잠을 이루지 못했고, 악몽을 꾸다가 흠칫 놀라 깨면 온통 땀으로 젖어 있었다. 겉으로는 멀쩡해 보였지만 그것은 어디까지나 껍데기였다. 이내 펠트마이어는 그놈의 가시가 자신의 머릿속에 박혀 있다고 믿기 시작했다. 심지어 조금씩 자라는 것만 같았다. 가시가 뇌의 안쪽 벽을 사각사각 긁어 댔다. 펠트마이어는 그 소리를 들었다. 지금까지 텅 빈 채로 평온하고 가지런하기만 했던 그의 인생은 이제 날카로운 가시로 득시글거리는 혼돈 그 자체가 되었다. 그 어디에도 해방의 조짐은 없었다. 아무 냄새를 맡을 수 없었으며, 숨을 쉬기가 힘들었다. 숨이 턱턱 막히는 것만 같아 엄격하게 금지되어 있었음에도 전시실의 창문을 열곤 했다. 음식도 거의 먹지 못했다. 조금만 먹어도 질식할 것만 같았다. 소년의 발이 염증으로 썩고 있다고 굳게 믿었으며, 잠깐 눈길을 돌렸다가 봐도 소년의 발이 부풀어 오른 것만 같아 흠칫 놀랐다. 소년을 해방시켜 줘야 한다고, 아픔으로부터 구해 주어야 한다고 펠트마이어는 다짐했다. 그래서 마침내 펠트마이어는 압정을 쓸 생각을 하기에 이르렀다.

◆ ◆ ◆

사무용품 가게에서 펠트마이어는 머리가 샛노래 눈에 잘 띄는 압정을 한 상자 샀다. 찾아볼 수 있는 것 가운데 가장 작은 것으로 골랐다. 너무 아프면 곤란하니 말이다. 문구점에서 멀지 않은 곳에 구두 가게가 하나 있었다. 펠트마이어는 오래 기다릴 필요가 없었다. 한 깡마른 남자가 구두를 신어 보다가 비명을 지르며 펄쩍 뛰었다. 절뚝거리며 의자에 가서 앉은 손님은 욕설을 퍼부으며 자신의 발뒤꿈치에서 노란 압정을 뽑았다. 그는 엄지와 검지로 압정을 집어 들고 빛에 비추어 보고는 다른 손님들에게도 그것을 보여 줬다.

뽑힌 압정을 보는 순간, 펠트마이어의 뇌는 엄청난 양의 엔도르핀을 쏟아 냈다. 어찌나 속이 후련한지 하늘을 나는 것만 같았다. 오롯한 행복감에 흠뻑 젖었으며, 시름과 무기력이 모두 일거에 사라졌다. 발을 다친 남자와 온 세상을 끌어안아 주고 싶었다. 황홀함에 취해 펠트마이어는 몇 달 만에 잠을 푹 자며 계속 같은 꿈을 꾸었다. 소년이 가시를 뽑고 자리에서 일어나 환하게 웃으며 펠트마이어에게 손을 흔드는 꿈이었다.

고작 열흘이 지났을 뿐인데도 다시금 소년은 꿈에 나타나 원망이 가득한 얼굴로 다친 발을 내밀었다. 펠트마이어는 한숨을 쉬었다. 하지만, 이제 어찌해야 하는지 잘 아는 펠트마이어였다. 호주머니 안의 압정 상자를 어루만졌다.

・・・

이제 펠트마이어는 박물관에서 23년째 근무했다. 몇 분 뒤에는 그의 시간이 끝난다. 그는 자리에서 일어나 다리를 흔들었다. 최근 들어 조금만 오래 앉아 있으면 다리에 아무 감각이 없었다. 2분만 더 참으면 된다. 그럼 모든 게 끝이다. 펠트마이어는 의자를 중간 창문 아래 세웠다. 근무 첫날 의자를 발견했던 바로 그 자리였다. 소맷자락으로 의자를 깨끗이 닦았다. 그리고 마지막으로 조각상에게 다가갔다.

그는 지난 23년 동안 조각상을 단 한 번도 어루만진 적이 없었다. 그리고 이제 일어날 일의 그 어떤 것도 계획한 게 아니었다. 그는 두 손으로 조각상을 끌어안았다. 매끄럽고 차가운 대리석의 감촉이 느껴졌다. 받침대에서 소년을 번쩍 들었다. 예상했던 것보다 무거웠다. 바로 면전에 조각상을 들고 곰곰이 뜯어봤다. 그리고 머리 위로 들어올렸다. 까치발을 하고 서서 될 수 있는 한 높이 올리려고 했다. 이런 자세로 1분을 버텼다. 펠트마이어는 부들부들 떨기 시작했다. 그는 자신이 할 수 있는 한 가장 깊숙하게 숨을 들이마시고는 전력을 다해 조각상을 바닥으로 집어던졌다. 동시에 비명을 질렀다. 평생 단 한 번도 내 본 적이 없는 큰소리로! 그의 외침은 벽에서 벽을 타고 홀에서 홀로 전해졌다. 어찌나 크고 무시무시한 소리였던지 아홉 개의 전시실을 거쳐야만 닿는 박물관 카페에서 종업원이 잔이 가득 담긴 쟁반을 깜짝 놀라 떨어뜨렸다. 조각상은 둔탁한 굉음과 함께 바닥을 때리며 대리석 판을 금가게 만들었다.

그런 다음 아주 기묘한 일이 벌어졌다. 펠트마이어는 자신의 핏줄에서 피 색깔이 변하는 것을 보았다. 아주 찬란하게 빛나는 붉은색이었다. 피는 위에서 솟구치며 온몸으로 퍼져나갔다. 손가락과 발가락 끝까지 환하게 빛이 났다. 안에서부터 광채가 나는 자신의 몸을 펠트마이어는 눈부시게 바라보았다. 깨진 돌가루가 허공을 나는 게 아주 선명하게 보였다. 모든 게 펠트마이어를 감싸고돌면서 일순 정지해 있는 것만 같았다. 바로 그때 보았다. 독특하게 반짝이는 가시를! 가시의 앞과 뒤와 옆이 동시에 펠트마이어의 눈을 사로잡았다. 그리고 천천히 해체되어 사라졌다.

펠트마이어는 자리에 풀썩 주저앉았다. 그리고 천천히 고개를 들어 창밖을 내다보았다. 상수리나무는 은은한 녹색 가운데 서 있었다. 초봄의 신록과 같은 부드러운 녹색이었다. 오후의 해는 전시실 바닥에 하늘거리며 움직이는 그림자를 만들었다. 아무런 아픔이 없었다. 펠트마이어는 얼굴이 따스해지는 것을 느꼈다. 코가 간질거렸다. 그리고 웃음이 터져 나오기 시작했다. 그는 웃고 또 웃었다. 배를 움켜잡고 웃었다. 웃음을 도저히 멈출 수가 없었다.

◆ ◆ ◆

　펠트마이어를 집으로 데리고 간 두 명의 청원경찰은 집의 단출한 살림에 놀랐다. 두 사람은 펠트마이어를 주방 의자에 앉히고 그가 진정할 때까지 기다렸다. 그래야 무슨 설명을 들을 것 같았다.

　청원경찰 가운데 한 명이 화장실을 찾았다. 그는 침실을 화장실로 알고 문을 열고 들어섰다. 캄캄한 공간 안에 서서 조명 스위치를 찾았다. 그런 다음 놀라운 광경을 보았다. 벽과 천장에는 그야말로 수천 장의 사진들로 빼곡했다. 단 1밀리미터의 빈 곳도 찾을 수 없었다. 심지어 바닥과 침실용 탁자에도 사진이 붙어 있었다. 사진의 모티브는 한결같았다. 다만 장소만 달랐다. 남자와 여자와 어린아이가 계단, 의자, 소파, 창턱 혹은 수영장, 구두 가게, 풀밭, 항구 방파제 등에 앉아 발에서 노란 압정을 뽑고 있었다.

◆ ◆ ◆

　박물관 당국은 펠트마이어를 상대로 재물손괴의 책임을 물어 형사 고발을 했다. 그리고 손해배상을 받아 낼 생각이었다. 검찰이 수사해야 할 위험한 신체 상해 사건 건수만 해도 수백 개에 달했다. 담당 검사는 펠트마이어를 정신과 전문의에게 진찰받도록 했다. 기묘한 소견서가 제출되었다. 의사는 아무 판단도 할 수 없다고 썼다. 한편으로 펠트마이어가 정신질환을 앓았던 것은 분명해 보이지만, 다른 한편 조각상의 파괴로 깨끗이 나았을 수 있다는 것이었다. 아마도 어느 날 압정이 칼로 변할 수 있을 정도로 펠트마이어는 위험할 수 있다고도 했다가, 그런 경우는 거의 없을 거라고 횡설수설했다.

결국 검찰은 사건을 정식으로 기소했다. 이는 곧 검찰이 2년에서 4년까지의 금고형을 구형할 것임을 의미했다.

공소장이 접수되면 법원은 공판을 허락할 것인지 심사한다. 판사는 석방보다 유죄 판결의 확률이 높을 경우, 재판 절차를 개시한다. 적어도 교과서에는 그렇게 되어 있다. 그러나 현실에서는 전혀 다른 문제가 큰 비중을 차지한다. 자신이 내린 판결이 상급 법원에 의해 뒤집히는 것을 보고 싶어 하는 판사는 없다. 그래서 판사는 피고가 석방되는 게 마땅하다고 보는 경우에도 심리를 개시한다. 정 재판이 필요 없다고 보는 경우에 판사는 검찰과 사전에 의견을 조율한다. 검찰이 이의를 제기하지 않겠다는 것을 확실히 해 두려는 것이다.

판사와 검사와 나는 판사의 사무실에 앉아 사건을 놓고 의견을 나누었다. 내가 보기에 검찰이 제시하는 증거는 빈약했다. 사진

말고는 아무것도 없었다. 심지어 증인조차 확보하지 못했다. 사진이 얼마나 오래된 것인지도 알 수 없었다. 이미 공소시효를 넘겼을 수도 있다. 하긴 누가 그런 것을 알 수 있으랴. 전문가의 소견서라는 것도 말해 주는 게 별로 없었다. 펠트마이어가 자백을 한 것도 아니었다. 결국 문제는 조각상 파손으로만 국한되었다. 내가 보기에 이 경우 가장 큰 책임을 져야 할 쪽은 박물관 당국이었다. 박물관 측은 펠트마이어를 23년 동안 한 공간에만 가두었으며, 그런 사실을 까맣게 잊고 있었다.

판사는 내 말에 동의했다. 판사는 분노한 표정이었다. 그는 피고석에 박물관 관장을 앉혀야 한다고 말했다. 행정 처리를 소홀히 한 탓에 한 인간이 속절없이 망가지고 말았다고 안타까워했다. 판사는 물어야 할 죄가 너무 경미하므로 기소를 중지하는 게 어떻겠냐고 물었다. 그러나 이를 위해서는 검찰의 동의가 반드시 필요했다. 그리고 우리 검사 양반은 동의할 생각이 전혀 없었다.

며칠 뒤 나는 기소 중지를 알리는 편지를 받았다. 판사에게 전화를 걸자 그는 검찰 수뇌부가 놀랍게도 마지막 순간에 동의를 했다고 말했다. 그런 결정의 근거를 공식적으로 통보하지는 않았지만, 짐작이 가고도 남음이 있었다. 심리를 계속할 경우, 박물관 당국은 공개재판에서 불편하기 짝이 없는 질문 공세에 시달려야만 한다. 그리고 비위가 상한 판사가 변호인의 손을 들어 줄 것은 너무도 명확했다. 아마도 펠트마이어는 경미한 처벌을 받고, 시 당국과 박물관은 여론의 뭇매를 맞는 곤욕을 치러야 하리라.

박물관 측은 결국 민사소송도 포기했다. 함께 점심을 먹는 자리에서 관장은 펠트마이어가 "살로메 전시실"을 맡지 않았던 게 천만다행이라며 가슴을 쓸어내렸다.

펠트마이어는 연금을 수령할 권리를 인정받았다. 박물관은 거의 주목을 끌지 못한 성명서에서 조각상 하나가 사고로 말미암아 파손되었다고 발표했다. 펠트마이어의 이름은 들먹이지 않았다. 그리고 펠트마이어 본인은 다시는 압정을 손에 들지 않았다.

◆ ◆ ◆

박물관 직원들은 조각상의 파편들을 종이박스에 쓸어 담아 박물관 부속 아틀리에로 가지고 갔다. 여성 예술품 복원 전문가가 조각상을 복원하는 임무를 맡았다. 그녀는 파편을 검은 보로 싸인 탁자 위에 죽 펼쳐 놓고 하나하나 사진을 찍었으며, 2백여 개가 넘는 조각들에 각각 번호를 붙인 다음 복원 일지에 기록했다.

그녀가 작업을 시작했을 때 아틀리에 안은 조용했다. 열어 둔 창문을 통해 봄의 화사한 온기가 작업장 안으로 퍼져 나갔다. 여자는 담배를 한 대 피워 물고 조각들을 찬찬히 바라봤다. 여자는 공부를 끝내자마자 여기에서 일할 수 있게 된 게 너무나 행복했다. "가시 뽑는 소년"은 그녀가 맡게 된 첫 번째 중요 과제였다. 그녀는 저 조각들을 다시 붙인다는 게 퍽 오래 걸리는 작업임을 알고 있었다. 족히 몇 년은 걸리리라.

작업대 맞은편에는 교토에서 만들어졌다는 작은 목각 부처가 하나 서 있다. 무척 오래된 것이라는 이 목각상의 이마에는 금이 한 줄 가 있다. 부처는 미소를 지었다.

story 10
사랑

story 10 ─ 사랑

─── 여자는 깜빡 졸았다. 그의 굵직한 팔을 베고서. 따뜻한 여름날 오후다. 창문은 열려 있다. 여자는 기분이 좋았다. 그들은 2년째 본에서 경영학을 공부하고 있다. 강의도 똑같이 들었다. 여자는 남자가 자기를 사랑한다는 것을 잘 알고 있었다.

파트리크는 그녀의 등을 쓰다듬었다. 책은 지루하기만 했다. 그는 헤세를 좋아하지 않았다. 여자가 원해서 읽어 주고 있을 뿐이다. 남자는 여자의 매끄러운 피부를, 척추를, 좁은 어깨를 바라보았다. 손끝으로 따라가며 곡선을 음미했다. 침실용 탁자 위에는 스위스 칼이 놓여 있다. 사과를 깎아 먹었던 칼이다. 남자는 책을 옆으로 치우고 칼을 잡았다. 반쯤 감은 눈으로 여자는 남자가 발기하는 것을 보았다. 큭 하고 웃었다. 방금 두 사람은 처음으로 섹스를 했었다. 남자가 칼을 펼친다. 여자는 고개를 들어 입술을 그의 페니스로 가져갔다. 순간, 등에서 뜨끔한 것을 느꼈다. 여자는 비명을 지르며 남자 손을 치우고 벌떡 일어섰다. 칼이 바닥에 떨어져 내렸다. 여자는 등에서 피가 흘러내리는 것을 느꼈다. 파트리크는 헝클어진 눈길로 여자를 보았다. 여자가 그의 따귀를 때렸다. 옷가지를 챙겨들고 욕실로 달려갔다. 남자의 기숙사 방은 오래된 건물의 1층이었다. 여자는 서둘러 옷을 챙겨 입고 커다란 창문을 넘어 뛰었다.

4주 뒤 경찰은 출두 요구서를 파트리크의 주민등록상 주소지로 보냈다. 그러나 대학생들이 대개 그러하듯 이사를 하고 주소지 변경을 하지 않았던 탓에 공문은 집배원을 몇 번 헛걸음하게 만든 뒤 베를린의 부모 집으로 배달되었다. 파트리크의 어머니는 과태료 고지서인 줄 알고 우편물을 열었다가 화들짝 놀랐다. 그날 저녁, 파트리크의 부모는 자신들의 교육이 뭐가 잘못되었는지 오랫동안 이야기를 나눴다. 그리고 아버지가 파트리크에게 전화를 걸었다. 다음날 어머니는 내 비서와 통화해 약속을 잡았다. 일주일 뒤 가족은 내 사무실을 찾아왔다.

깔끔하고 점잖은 분들이었다. 아버지는 건축회사의 현장 감독이었으며, 짧은 팔다리에 땅딸막한 체구였지만 아주 건장했다. 40대 후반의 어머니는 전직 비서였으며, 당당하고 자신감에 넘쳤다. 파트리크는 부모를 별로 닮지 않았다. 그는 긴 손가락에 검푸른 눈을 가진, 보기 드문 미남이었다. 파트리크는 사건의 자초지종을 설명했다. 니콜과 2년째 사귀었으며, 단 한 번도 다툰 일이 없다고 했다. 어머니는 아들이 두 마디를 끝낼 때마다 끼어

들었다. 어머니는 그것은 당연히 사고였다고 했다. 파트리크는 일이 이렇게 되어 가슴이 아프다며, 니콜을 사랑한다고 했다. 몇 번이고 사과를 하려고 했지만, 연락이 닿지 않는다고 했다.

어머니의 목청이 약간 커졌다. "차라리 그게 나아. 난 네가 걔를 다시 보길 원치 않는다. 그리고 내년이면 너는 어차피 장크트갈렌 대학교◆로 갈 거잖아." 아버지는 입을 거의 열지 않았다. 상담의 말미에 파트리크가 심한 처벌을 받느냐고 물었을 뿐이다.

처음에 나는 쉽게 해결할 수 있는 사건이라고 생각했다. 사건은 이미 경찰에서 검찰로 넘어가 있었다. 나는 사건을 담당하는 여 검사에게 전화를 걸었다. 그녀는 이른바 "가정 폭력" 전담 검사였다. 이런 사건은 매년 수천 건도 넘게 일어난다. 주된 이유는 술, 질투, 아이를 둘러싼 갈등이다. 여 검사는 내가 신속하게 자료를 열람할 수 있게 허락해 주었다.

이틀 뒤 나는 컴퓨터로 채 40쪽이 되지 않는 수사 기록을 읽었다. 처녀의 등을 찍은 사진은 15센티미터 길이의 칼자국을 보여 줬다. 딱지가 매끈하게 앉은 것으로 미루어 흉터는 남지 않을 것으로 보였다. 관리만 잘해 주면 깔끔하게 나을 것이다. 그러나 나는 그게 사고가 아니라는 것을 확신했다. 칼을 떨어뜨리는 바

◆ 고대 수도원으로 유명한 스위스 장크트갈렌에 있는 공립대학. 유럽 최고의 명문대 중 하나로, 특히 경제, 경영 분야에서 인정받고 있다.

람에 상처를 입었다면, 칼자국이 저렇게 나지 않는다.

나는 가족에게 두 번째 면담을 요청했다. 사안이 그리 긴박하지 않았던 탓에 약속은 3주 뒤로 잡혔다.

닷새 뒤 목요일 저녁 나는 퇴근을 하기 위해 사무실 문을 잠근 뒤 계단을 내려가려고 조명을 켰다. 파트리크가 거기 계단에 앉아 있었다. 들어오겠느냐고 물었지만 그는 고개만 저었다. 그의 눈은 생기가 없었고, 손에는 불을 붙이지 않은 담배가 들려 있었다. 사무실로 되돌아간 나는 재떨이를 가지고 와서 그의 옆에 앉았다. 그의 담배에 불을 붙여 주었다. 일정 시간이 지나자 계단의 조명이 저절로 꺼졌다. 타임스위치가 작동한 것이다. 우리는 어둠 속에 앉아 담배만 피웠다.

"파트리크, 내가 어떻게 도우면 좋겠소?" 나는 얼마 뒤 이렇게 말을 꺼냈다.

"어려워요." 그가 대답했다.

"이런 일은 언제나 어렵죠." 나는 이렇게 말하고 기다렸다.

"지금껏 누구에게도 이야기하지 않았어요."

"마음 편하게 먹어요. 여기 제법 편안한데." 사실 계단은 춥고 불편했다.

"저는 니콜을 사랑합니다. 지금껏 그 누구에게도 느껴 보지 못한 사랑이에요. 그런데 연락이 완전히 끊겼어요. 안 해 본 게 없어요. 편지도 썼고요. 하지만, 전혀 대답을 하지 않아요. 휴대폰 번호도 바꾼 모양이에요. 그녀의 가장 친한 여자 친구는 제 전화를 받자마자 끊었어요."

"충분히 있을 수 있는 일이죠."

"저는 이제 어떻게 해야 하죠?"

"법적으로만 보자면 당신 문제는 풀 수 없는 게 아닙니다. 감옥에 가지는 않을 거요. 당신 기록을 읽었는데……."

"예?"

"솔직히 말하죠. 당신 이야기는 앞뒤가 맞지 않아요. 그건 사고가 아니더군요."

파트리크는 흠칫 하는 표정이었다. 그는 새 담배에 불을 붙여 물었다. "예, 맞습니다. 그건 사고가 아니었어요. 실제 무슨 일이 있었는지 선생님께 말씀드려도 좋을지 모르겠군요."

"변호사는 의뢰인의 비밀을 지켜 줘야 할 의무가 있습니다." 내가 말했다. "당신이 이야기하는 모든 건 우리만 알고 있는 겁니다. 오로지 당신만이 정할 수 있습니다. 내가 어떤 걸, 누구에게 말해 줘도 좋은지. 물론 당신 부모도 우리가 이런 얘기를 나눈 것을 전혀 알 수 없습니다."

"경찰에게도 그런가요?"

"제 의무는 특히 경찰에게 적용되죠. 다른 어떤 형사 소추 기관에도 발설해서는 안 됩니다. 침묵하지 않는다면, 제가 처벌을 받게 됩니다."

"그래도 말씀드리기 어렵군요." 이렇게 말하는 파트리크의 표정이 어두웠다.

그때 한 가지 좋은 생각이 떠올랐다. "제 법인 사무실에 다섯 살배기 딸을 가진 변호사가 있죠. 그 아이는 최근 친구에게 뭔가 이야기를 했대요. 둘은 바닥에 앉아 재잘거렸답니다. 변호사의 딸은 매우 활동적인 아이였어요. 이야기를 하면서 계속 친구에게 가까이 다가갔죠. 자기 이야기에 너무 흥분해 이내 친구의 무릎 위에 올라탈 정도였죠. 계속 종알거리던 아이는 자신의 이야기를 귀담아 들어주는 친구가 너무 좋은 나머지 그만 친구의 목을 확 깨물어 버렸죠."

나는 파트리크의 속에서 동요가 일어나고 있는 것을 느꼈다. 그는 자기 자신과 씨름을 하고 있었다. 마침내 그가 말했다. "니콜을 먹고 싶었어요."

"당신 애인을?"

"예."

"왜 그랬죠?"

"선생님은 모르세요. 한 번 그녀의 등을 보셔야 해요. 어깨까지 이어진 그 곡선을 말이죠. 부드러운 탄력을 자랑하는 그 하얀 피부를요. 제 피부는 온통 땀구멍인데, 그녀는 정말 매끈하죠. 금색의 솜털들이 보송보송하고 말이에요."

나는 검찰의 기소장에서 보았던 여자의 등 사진을 떠올렸다. "처음으로 그랬나요?"

"예. 전에 딱 한 번 그런 적이 있기는 했지만, 그때는 그리 강렬하지 않았어요. 태국에서 휴가를 보낼 때 해변에 누워 그녀의 등을 보는 순간, 깨물어 주고 싶었죠."

"이번에는 어떻게 하려고 한 거요?"

"모르겠어요. 그저 한 점 베어 내고 싶었어요."

"예전에도 다른 사람을 먹고 싶었던 적이 있나요?"

"아뇨, 물론 아니죠. 그녀만 보면 그래요, 오직 그녀만." 그는 담배를 한 모금 깊숙이 빨았다. "제가 미친 걸까요? 한니발 렉터*라도 된 걸까요?" 그는 자기 자신을 두려워하는 기색이 역력했다.

"아뇨, 당신은 미친 게 아니에요. 난 의사는 아니지만 아마도 그녀를 향한 당신의 사랑이 조금 지나쳤던 모양이군요. 당신도 그걸 잘 알고 있어요, 파트리크. 당신 입으로 직접 말하기도 했고요. 제가 보기에는 좀 심하게 병적이기는 해요. 의사의 도움을 받는 게 좋겠습니다. 그것도 빨리."

◆ 토머스 해리스의 연작 소설에 나오는 연쇄살인범. 인간의 심리에 능통하며 식인을 한다. 《붉은 용》, 《양들의 침묵》, 《한니발》 등은 모두 영화로도 만들어졌다.

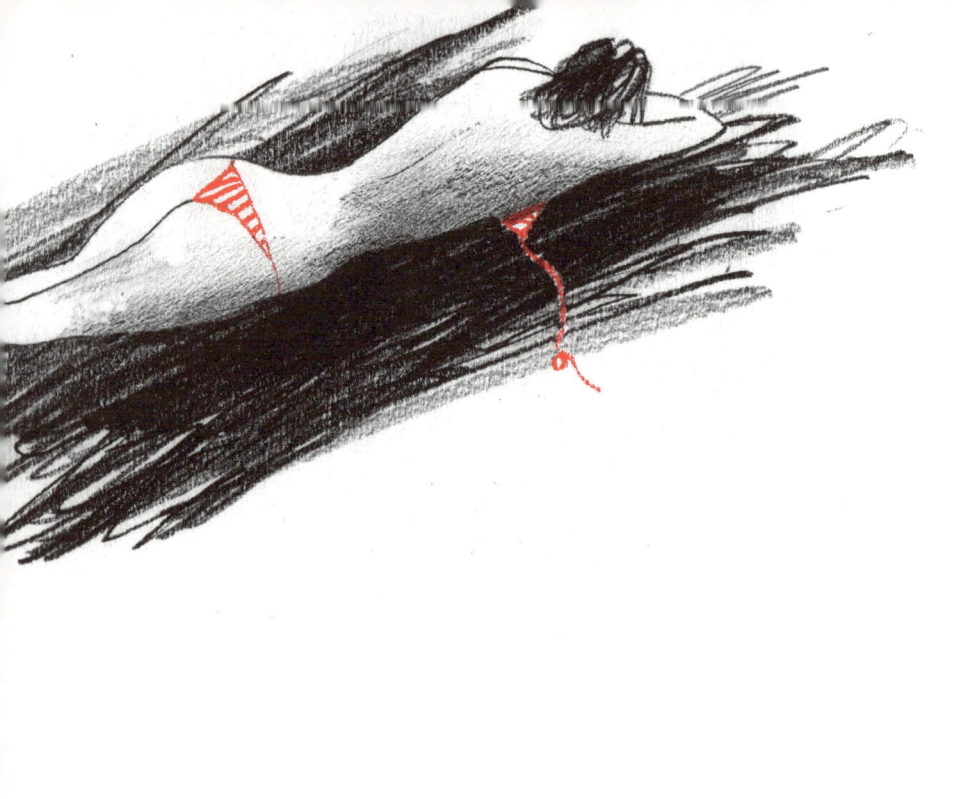

인육을 먹는 식인 풍습에는 여러 가지 종류가 있다. 배가 고파서 사람이 사람을 먹기도 하며, 종교적인 제례로 그러는가 하면, 성적 욕구에서 비롯된 심각한 인격 장애로 저지르는 범죄도 있다. 파트리크는 한니발 렉터를 할리우드가 지어냈다고 믿었지만, 인류가 존재한 이래 식인종은 실제로 다양하게 출현했다. 18세기에 오스트리아 슈타이어마르크에서 파울 라이지거는 "젊은 처녀들의 펄펄 뛰는 심장"을 여섯 개나 먹었다. 그는 아홉 개만 먹으면 투명 인간이 될 수 있다고 굳게 믿었다고 한다. 페터 퀴르텐은 사람을 죽이고 그 피를 마셨으며, 요아힘 크롤은 1970년대에 최소한 여덟 명을 죽이고 그 고기를 먹었다고 한다. 1948년 베른하르트 외메는 자신의 여동생을 잡아먹었다.

  상상하기 힘든 노릇이지만 범죄의 역사를 보면 수많은 식인 사례를 찾아볼 수 있다. 1924년 카를 뎅케가 체포되었을 때, 그의 집 부엌에서 생각할 수 있는 모든, 인간의 잔해가 발견되었다. 식초에 절인 인육, 뼈다귀, 지방 덩어리를 담아 놓은 냄비, 수백 개나 되는 사람 이빨이 담긴 자루 등등. 심지어 그는 사람 피부를 잘라 내 멜빵을 만들기도 했다. 멜빵끈에 젖꼭지가 남아 있어 사람 피부라는 것을 알 수 있었다. 그의 손에 희생된 사람들이 얼마나 많은지는 오늘날까지도 정확히 밝혀지지 않고 있다.

  "파트리크, 혹시 사가와 이세이라는 이름을 들어 봤나요?"

"아뇨, 그게 누구죠?"

"도쿄에서 음식 평론가로 유명한 사람입니다."

"예, 그런데요?"

"1981년 그는 파리에서 여자 친구를 죽이고 그 살점을 먹었습니다. 여자를 몹시 사랑했었다고 하더군요."

"여자를 전부 먹었단 말인가요?"

"적어도 몇 조각은."

"그럼." 파트리크의 음성이 떨렸다. "어땠다고 말했나요?"

"나도 정확히는 몰라요. 아마 참치 맛이 난다고 했다죠."

"예……."

"당시 의사들은 그가 심각한 정신장애를 앓고 있다고 진단했죠."

"저도 그런 경우인가요?"

"정확히 모르지만, 당신도 빨리 의사에게 가보는 게 좋지 않을까요?" 나는 계단의 불을 다시 켰다. "잠깐만 기다려요. 내가 아는 정신과 의사의 전화번호를 줄게요. 원한다면 내가 지금 태워다 드리죠."

"아니에요. 먼저 생각 좀 해 보겠습니다." 그가 말했다.

"강요는 하지 않겠습니다. 하지만, 내일 아침 일찍 제 사무실로 오세요. 저와 함께 경험이 많은 심리분석 전공의를 찾아가 봅시다. 동의하시죠?"

그는 망설였다. 그런 다음 오겠노라고 말했다. 우리는 자리를 털고 일어섰다. "한 가지만 여쭤 봐도 될까요?" 이렇게 묻는 파트리크의 목소리가 나직했다. "정신과 의사에게 가지 않으면 저는 어떻게 되나요?"

"더 나빠지지 않을까요?" 나는 이렇게 대답하고 사무실의 문을 다시 열어 재떨이를 들여다 놓고 전화번호를 찾았다. 계단으로 돌아왔을 때 파트리크는 이미 사라지고 없었다.

그는 다음날에도 오지 않았다. 일주일 뒤 나는 그의 어머니에게서 편지 한 통과 수표를 받았다. 어머니는 사건 의뢰를 철회하겠다고 했다. 편지에는 파트리크의 서명도 들어가 있었으므로 철회 의사는 유효한 것이었다. 나는 파트리크에게 전화를 걸었으나, 그는 통화를 거부했다. 결국 나는 그의 변호를 포기할 수밖에 없었다.◆

2년 뒤 나는 취리히에서 강연을 할 기회가 있었다. 휴식 시간에 장크트갈렌의 늙수그레한 변호사가 나를 찾아와 파트리크라는 이름을 아느냐고 물었다. 내가 그의 변호를 맡은 적이 있다고

◆ 본문에 나오는 엽기 살인범들의 이야기는 마르크 베네케의 《연쇄살인범의 고백》과 《살인본능》에 자세히 소개되어 있다.

파트리크가 말했다는 것이다. 나는 그에게 무슨 일이 있었는지 물었다. 동료는 대답했다. "두 달 전에 식당 여종업원 한 명을 죽였어요. 그런데 살해 동기가 뭔지 전혀 알 수가 없어서 말이죠."

story 11
에티오피아남자

─── 얼굴이 납처럼 창백한 남자가 풀밭 한복판에 멍하니 앉아 있었다. 삐뚜름한 얼굴이 기이한 인상을 준다. 게다가 귀 끝이 뾰족하고, 머리카락은 빨강색이다. 다리를 벌린 채 두 손을 무릎 위에 아무렇게나 놓았는데, 한쪽 손은 두툼한 돈다발을 꼭 움켜쥐고 있다. 남자는 바로 옆에 버려진 채 썩고 있는 사과를 물끄러미 바라보았다. 사과를 조금씩 깨물어 분주히 오가는 개미들을 쳐다보는 남자의 눈이 어째 애처롭기만 하다.

이제 갓 정오를 넘긴 시간이다. 한여름 베를린의 구름 한 점 없는 하늘에서 태양이 무섭게 열기를 뿜어낸다. 이런 날 정오에 자발적으로 문밖을 나서는 사람은 분명 제정신이 아니리라. 빌딩 숲에 둘러싸인 조그마한 광장의 풀밭은 도시계획에 의해 인공적으로 만들어진 것이다. 철근과 유리로만 지은 빌딩이 햇빛을 고스란히 반사하는 바람에 살인적인 열기가 바닥 위에 고스란히 고여 있다. 잔디에 물을 뿌려 주는 스프링클러는 고장이 났는지 작동하지 않는다. 저녁이면 잔디는 열기로 바짝 타 버릴 것이다.

남자를 주목하는 사람은 아무도 없었다. 바로 맞은편에 있는 은행의 비상 사이렌이 요란하게 울부짖었음에도 행인들은 남자를 쳐다보지도 않았다. 곧이어 경찰차 세 대가 무서운 속도로 남자를 지나쳤다. 경찰관들은 은행 안으로 달려 들어갔으며, 이후 속속 나타난 무장 경관들이 광장 일대를 봉쇄했다.

은행 유니폼을 입은 한 여자가 경찰과 함께 은행에서 나왔다. 여자는 손등으로 햇빛을 가렸다. 주위를 휘둘러보던 여자는 마침내 손가락으로 창백한 남자를 가리켰다. 전투복 차림의 무장 경찰들이 순식간에 여자가 가리킨 곳을 향해 돌진했다. 경찰은 총을 겨누고 남자를 향해 손을 높이 들라고 외쳤다.

남자는 아무런 반응을 보이지 않았다. 하루 종일 경찰서에서 보고서나 끼적이며 지루해 죽을 것만 같았던 경장이 가장 앞서 달렸다. 그는 범인 체포의 공은 자신의 것이라고 희죽 웃었다. 남자를 덮친 경장은 그를 제압하고 팔을 뒤로 꺾었다. 그 바람에 돈다발이 허공에 흩뿌려졌다. 뒤에서 명령 소리가 진동을 했지만, 누구도 귀담아 듣지 않다가, 다시금 벼락이 치자 그때서야 경찰들은 지폐를 줍느라 법석을 떨었다. 경장은 남자를 자빠뜨린 뒤 등에 올라타 무릎으로 그를 눌렀다. 남자의 얼굴이 풀밭에 처박혔다. 흙은 따뜻했다. 무장 경찰들의 군홧발 사이로 남자는 다시금 사과를 보았다. 개미들은 주변에 아랑곳하지 않고 제 할 일에 바빴다. 남자는 풀과 흙과 썩는 사과의 냄새를 들이마셨다.

눈을 감았다. 그는 다시금 에티오피아에 있었다.

◆ ◆ ◆

남자의 인생은 몹쓸 동화처럼 시작되었다. 갓난아기 때 그는 버려졌다. 반짝이는 푸른색 플라스틱 통에 담긴 아기는 기센에서 가까운 조그만 마을의 목사 사택 계단에서 울어 댔다. 담요 한 장에 싸인 신생아는 금방이라도 얼어 죽을 것만 같았다. 아기를 버릴 수밖에 없는 절박한 사정이야 이해한다손 치더라도 아무튼 매정한 엄마였다. 아기에게 남겨진 것은 아무것도 없었기 때문이다. 하다못해 편지나 사진 한 장쯤 기억을 위해 남겨 줄 수도 있지 않은가. 플라스틱 통은 어디서나 살 수 있는 흔한 것이었고, 담요는 군대에서 쓰는 것이었다.

목사는 아기를 보는 즉시 경찰에 신고를 했다. 그래도 엄마는 찾아낼 수 없었다. 아기는 보육원에 보내졌으며, 석 달 뒤 관청은 입양 허가를 내줬다.

자식이 없는 미할카라는 사람이 아기를 받아들였다. 아기에게 프랑크 사버라는 이름을 붙여 줬다. 그 집은 무척 무뚝뚝하고 거칠었다. 그도 그럴 것이 오버프랑켄이라는 산골에서 고된 홉 농사가 그 가족의 생업이었기 때문이다. 무엇보다도 애를 키워 본 경험이 없다는 게 최악이었다. 양아버지는 늘 똑같은 소리만 했다. "인생이 무슨 사탕 핥아먹는 일인 줄 알아?" 이 말을 할 때마다 그는 시퍼런 혀를 내밀어 입술을 적셨다. 그는 사람과 가축과 홉 줄기를 똑같이 존중했고 한결같은 엄격함으로 다스렸다. 아내가 조금이라도 아이를 부드럽게 다루면 남자는 이렇게 이죽거렸다. "애를 싹부터 망치는군." 그러면서 새끼를 핥아 주지 않는 셰퍼드를 좀 보라고 했다.

유치원에서부터 아이는 따돌림을 받았다. 여섯 살에 초등학교에 들어갔다. 도무지 웃지 않는 아이였다. 그는 못생겼으며, 또래에 비해 키가 너무 컸고, 무엇보다도 상당히 거칠었다. 학교생활은 힘들었다. 철자법은 말 그대로 엉망이었으며, 거의 모든 과목에서 낙제점을 받았다. 여자아이들은 그를 무서워하며 피하거나, 그 끔찍한 외모에 눈길조차 주지 않았다. 무슨 일이든 자신이 없다 보니 입만 열면 거짓말에 허풍을 떨었다. 빨강머리는 그를 외계인으로 만들었다. 사람들은 그만 봤다 하면 멍청한 놈이라고 혀부터 찼다. 단지 독일어 여선생만 그가 다른 소질을 가졌다고 말해 주었다. 그녀는 미할카를 걸핏하면 집으로 데리고 가 집안의 자잘한 수선을 맡겼다. 그에게 첫 호주머니 칼을 선물한 사람도 여선생이었다. 미할카는 성탄절에 여선생에게 나무로 만든 풍차를 선물했다. 입으로 바람을 불어 주면 실제로 날개가 돌아갔다. 여선생은 뉘른베르크 남자와 결혼을 하면서 여름방학 때 마을을 떠났다. 소년에게는 한마디도 하지 않은 채. 아무것도 모르고 여선생을 찾아갔던 미할카는 집 앞의 폐기물 컨테이너에 버려진 풍차 앞에서 넋을 잃었다.

미할카는 두 번 유급을 했다. 직업학교를 마치는 것으로 학교를 떠났으며, 인근의 큰 도시로 가서 목수 수련을 받기 시작했다. 이제는 누구도 그를 보고 손가락질하며 놀리지 않았다. 키가 197이었다. 도제 수련은 실습 성적이 탁월하다는 이유로만 통과했다. 이론은 까막눈이나 다름없었다. 군 복무는 뉘른베르크 근처의 통신 부대에서 마쳤다. 선임들과 시비를 벌이다가 하루 동안 영창 신세를 지기도 했다.

군대를 제대하고 거리에서 지나가는 자동차를 얻어 타며 함부르크로 갔다. 함부르크에서 촬영한 영화를 한 편 본 적이 있었다. 영화 속 함부르크는 여자들이 예뻤고, 길도 널찍했으며, 항구와 환락가는 불야성을 이루고 있었다. 함부르크로만 가면 모든 게 나아질 것 같았다. "함부르크에는 자유가 산다." 어디선가 읽은 글귀였다.

함부르크의 풀스뷔텔이라는 지역에 자리 잡은 목공소의 주인이 미할카를 채용했다. 목공소 다락에 방도 하나 내주었다. 미할카는 열심히 일했고, 방도 깨끗하게 썼다. 사장은 그를 보고 만족해 했다. 전문용어를 잘 몰랐지만, 설계도를 보여 주면 수정을 해 가면서 실제 물건을 만들어 냈다. 그러던 어느 날 공장 탈의실에서 돈이 없어지는 사건이 일어났다. 즉각 미할카는 해고되었다. 그가 가장 최근에 채용한 직원이며, 이전에는 도난 사고가 한 번도 일어나지 않았다는 게 이유였다. 두 주 뒤, 경찰이 돈 통을 한 마약중독자의 집에서 발견했다. 미할카는 도난과 아무 상관이 없었던 것으로 밝혀졌다.

레퍼반*에서 미할카는 군대 시절의 동료와 마주쳤다. 동료는 그에게 유곽의 건물 관리인 자리를 알선해 줬다. 미할카는 창녀들의 잔심부름을 도맡는 하인이 되었다. 이내 그는 사회의 밑바닥이라는 게 뭔지 속속들이 배우고 익혔다. 포주, 사채업자, 매춘부, 마약중독자, 폭력배 사이에 끼어 버틸 수 있는 데까지 헤쳐 나갔다. 2년 동안 유곽에 따로낸 반지하의 어두컴컴한 방에서 살았다. 언제부터인가 술을 입에 대기 시작했다. 술이 없이는 주변에서 벌어지는 악다구니를 견디기 힘들었다. 술과 약물에 젖은 창녀들은 그를 좋아해 자신들이 살아온 이야기를 시키지 않았는데도 주절주절 풀어 놓았다. 먹물처럼 짙게 드리운 암울함을 참을 수가 없었다. 술을 마구 퍼마시느라 돈을 꾸었다. 하루

---

* 함부르크의 환락가. 술집과 합법적인 성매매업소가 즐비한 곳이다.

가 멀다 하고 악당이 찾아와 돈을 갚으라고 성화를 부렸다. 이자가 눈덩이처럼 불어났다. 급기야 한바탕 싸움이 벌어졌으며, 흠씬 두들겨 맞은 그는 유곽 입구에 벌렁 자빠져 정신을 차리지 못했다. 경찰에게 잡혀가 조서를 써야만 했다. 미할카는 이런 식으로 가다가는 얼마 가지 못해 개죽음을 당할 것이라는 사실을 깨달았다.

외국으로 가기로 결심했다. 인생을 새롭게 시작할 기회를 찾고 싶었다. 그게 어떤 나라가 됐든 독일만큼은 벗어나고 싶었다. 오래 생각할 것 없이 유곽의 한 창녀에게 스타킹을 빌렸다. 그것을 얼굴에 뒤집어쓰고 은행으로 들어갔다. 장난감 권총으로 창구 여직원을 위협했다. 1만 2천 마르크◆를 챙겼다. 비상 출동한 경찰이 일대를 봉쇄하고 행인을 일일이 검문했지만, 미할카는 무슨 최면에라도 걸린 사람처럼 교묘하게 포위망을 빠져나갔다. 공항으로 가는 버스에 올라탔다. 서둘러 아디스아바바로 가는 비행기 표를 끊었다. 그게 어디인지는 정확히 모르지만, 아시아 어디쯤일 것이라고 생각하고 그 정도면 충분히 멀다고 여겼다. 그를 제지하는 사람은 아무도 없었다. 은행을 강탈하고 네 시간 만에 비행기에 앉아 있었다. 가진 짐이라고는 돈이 들어 있는 검

◆ 현재 환율로 약 9백만 원에 해당한다.

은 봉지가 유일했다. 드디어 비행기가 이륙하자 그는 덜컥 겁이 났다.

　태어나 처음으로 하는, 그것도 열 시간이나 걸리는 비행 끝에 그는 에티오피아의 수도에 도착했다. 공항에서 그는 돈을 주고 6개월 체류 허가를 얻었다.

　인구 5백만의 도시, 거리를 방황하는 6만의 어린아이들, 공공연한 매춘, 크고 작은 범죄들, 바닥을 모르는 빈곤, 헤아릴 수도 없이 많은 걸인, 부러진 팔다리를 내보이며 어떻게든 몇 푼 얻어내려는 장애인들, 3주 만에 미할카는 분명히 깨달았다. 함부르크든 아디스아바바든 곤궁으로부터 도망갈 수 없다는 사실을! 독일인도 몇 명 만났다. 빚을 지거나 범죄를 저지르고 도망 온 인생 낙오자라는 점에서 하나 다를 게 없었다. 아디스아바바의 위생 상태는 최악이었다. 미할카는 티푸스에 걸리고 말았다. 온몸에 울긋불긋한 반점이 났고 설사를 죽죽 해 댔다. 돌팔이 의사를 소개받아 항생제를 간신히 구해 먹었다. 다시금 미할카는 인생 막장에 서 있었다.

　미할카는 세계가 하나의 거대한 쓰레기통에 지나지 않는다는 사실을 통감했다. 친구도 없었고, 뭘 어찌했으면 좋을지 암담하기만 했으며, 의지할 것이라고는 아무것도 없었다. 아디스아바바에서 6개월을 보낸 미할카는 인생에 종지부를 찍기로 결심했다. 이른바 "결산 자살"[*]을 감행하기로 했다. 그러나 적어도 시궁창에서 죽기는 싫었다. 돈은 약 5천 마르크가 남아 있었다. 미할카는 지부티[**] 행 기차를 탔다. 디레다와[***]를 지나면서부터는 황무지를 걸어서 건너야만 했다. 잠은 코딱지만 한 여인숙이나 아예 땅바닥에서 자야 했다. 모기에게 물렸다. 모기는 미할카에게 말라리아를 선물했다. 버스를 타고 고원지대를 지나다가 갑자기 말라리아 증세를 보였다. 땡볕이 내리쬐는데도 얼어 죽을 것처럼 추웠다. 무작정 버스에서 내려 허청거리며 걸었다. 고열에 끙끙 신음을 앓으며 커피 플랜테이션 사이를 헤집고 갔다. 그의 눈에는 세상이 흐물흐물 녹아내리는 것만 같았다. 그대로 고꾸라지며 얼굴을 커피나무들 사이에 박았다. 의식을 잃기 전 마지막으로 든 생각은 이랬다. "빌어먹을, 세상은 모든 게 끝까지 똥통이군."

두 번의 열 발작 중간에 미할카는 잠깐 어렴풋이 의식이 돌아왔다. 그는 자신이 침상에 누워 있다는 것, 의사 한 명과 정체를

◆ 그동안의 삶을 차분하고 냉정한 마음으로 돌이켜보고 택하는 죽음.
◆◆ 아프리카 동북부 아덴 만 기슭에 위치한 공화국. 프랑스의 식민지였다가 1977년 독립했다. 에티오피아와 맞닿아 있으며, 커피 가공이 주산업이다.
◆◆◆ 에티오피아 동부의 도시. 지부티와 중간 지점에 있다.

알 수 없는 많은 사람들에게 둘러싸여 있다는 것을 알았다. 한결같이 피부가 검었다. 사람들의 도움을 받았다는 것을 깨달은 그는 안도의 한숨을 내쉬고는 다시 고열과 함께 악몽으로 빠져들었다. 말라리아는 지독하고 잔혹했다. 여기 고원지대에 모기는 없었지만, 사람들은 질병을 어떻게 다뤄야 하는지 잘 알았다. 커피 줄기들 사이에서 발견된 기괴한 몰골의 남자는 살아남을 수 있었다.

열은 천천히 내렸다. 미할카는 거의 24시간 동안 잠만 잤다. 마침내 정신이 들었을 때 그는 자신이 하얗게 칠한 공간에 홀로 있음을 깨달았다. 상의와 바지는 깨끗이 세탁을 해서 잘 개켜 방 안에 있는 하나뿐인 의자에 놓여 있었다. 배낭도 그대로였다. 자리에서 일어나려고 하는 데 다리가 말을 듣지 않았다. 눈앞이 캄캄했다. 침대에 그대로 약 15분 동안 걸터앉아 있었다. 다시 두 번째 시도를 했다. 화장실이 급해 참을 수가 없었다. 문을 열고 복도로 나섰다. 한 여자가 팔을 휘두르며 황급히 달려왔다. 고개를 절레절레 저으며 여자는 "노, 노, 노!"만 되풀이했다. 여자는 팔을 미할카의 겨드랑이 밑으로 넣은 다음 방으로 다시 데리고 가려 했다. 미할카는 안간힘을 다해 자신이 지금 왜 이러는지 알리려 했다. 여자는 고개를 끄덕이며 침대 아래 양동이를 가리켰다. 미할카는 여자가 참 예쁘다는 생각을 하며 다시 잠에 빠졌다.

다시 깨어났을 때에는 한결 기분이 좋았다. 배낭을 살폈다. 돈은 한 푼도 없어지지 않고 그대로 있었다. 방을 나왔다. 방 두 개에 부엌이 딸린 아주 작은 집이었다. 모든 게 깔끔하고 정갈했다. 집 밖으로 나오자 마을의 조그만 공터가 그를 맞았다. 공기는 신선했으며, 기분 좋게 시원했다. 아이들이 그에게 몰려왔다. 아이들은 깔깔거리며 웃었다. 그의 빨강머리를 만지고 싶어 했다. 이내 눈치를 챈 미할카는 돌 위에 걸터앉아 머리를 만지게 해 주었다. 아이들은 신바람이 났다. 어느 틈엔지 그 예쁜 여인이 다가와 아이들을 꾸짖었다. 여자는 남자를 부축해 다시 집으로 데리고 들어갔다. 남자에게 납작하고 커다란 빵을 주었다. 남자는 꾸역꾸역 잘도 먹어치웠다. 여자가 남자를 보며 미소를 지었다.

차츰차츰 미할카는 커피 재배 농부들의 마을을 알게 되었다. 그곳 농부들이 밭 한가운데 쓰러져 있는 그를 발견한 것이다. 남자를 들쳐 메고 와서 침대에 눕힌 마을 사람들은 도시에서 의사를 불러왔다. 농부들은 매우 친절했다. 다시 기운을 차린 미할카는 신세를 갚고 싶었다. 농사를 돕겠다고 했다. 농부들은 눈을 휘둥그레 뜨며 놀라더니 그러라고 했다.

반년 뒤 미할카는 여전히 여자의 집에 살았다. 그곳 사람들이 쓰는 말도 느리지만 꾸준하게 익혔다. 가장 먼저 여자의 이름을 불렀다. 여자는 아야나였다. 그는 소리 나는 대로 이름을 노트에 썼다. 남자가 발음을 어려워할 때면 여자는 깔깔대고 웃었다. 여자는 남자의 빨강머리도 손질해 줬다. 두 사람은 자연스럽게 키스를 했다. 아야나는 스물한 살이었다. 그녀의 남편은 2년 전 지방 도시에 나갔다가 사고로 죽었다.

 미할카는 커피 농사를 개선할 방법을 궁리했다. 커피를 수확하고 말리는 일은 고됐으며, 10월부터 다음 해 3월까지 쉴 새 없이 손을 타야만 했다. 미할카는 문제가 어디에 있는지 이내 깨달았다. 이 마을은 그러니까 커피 유통망의 말단이었다. 말린 커피 원두를 가져가는 사람은 일도 훨씬 적게 하면서 벌이는 몇 배나 더 좋았다. 남자가 가진 무기는 트럭이었다. 아주 낡기는 했지만 이곳에서 트럭은 대단한 부자나 누리는 호사였다. 마을에서 운전을 할 줄 아는 사람은 아무도 없었다. 미할카는 1,400달러를 주고 더 좋은 중고트럭을 구입했다. 그것으로 직접 커피 원두를 가공 공장에 납품했다. 아홉 배가 넘는 수익을 올렸으며, 그것을 마을 사람들에게 똑같이 나누어 줬다. 그리고 마을의 한 젊은 청년에게 운전을 가르쳤다. 청년과 미할카는 인근 마을들을 두루 다니며 커피 원두를 수거했다. 농부들에게는 지금껏 받던 가격의 세 배를 치러 주었다. 이내 트럭을 한 대 더 장만할 수 있었다.

미할카는 어떻게 하면 농사를 보다 더 쉽게 지을지 고민했다. 인근 도시로 가서 아주 오래된 것이기는 하지만, 디젤 발전기를 구입했다. 그리고 역시 중고 타이어 휠과 강철 케이블로 플랜테이션과 마을을 잇는 일종의 케이블카를 만들었다. 커피 생두를 실어 나를 통으로는 커다란 나무 상자를 짰다. 중간 지지대의 정확한 간격을 알아내기까지 궤도는 두 번 주저앉았다. 그리고 지지대를 역시 쇠줄을 써서 더욱 강하게 버틸 수 있게 해 주었다. 마을의 최고 연장자는 그런 미할카를 이상한 눈초리로 내내 못마땅하게 바라보다가 마침내 케이블카가 제대로 작동하자 가장 먼저 그의 등을 두들겨 주며 기뻐했다. 이제 힘들여 등짐을 지고 나르지 않아도 커피 생두를 빠르게 옮길 수 있었다. 커피 농사는 예전에 비해 한결 손쉬워졌다. 아이들은 케이블카를 무척 좋아했다. 나무 상자에 동물과 빨강머리 남자를 그려 넣고 손뼉을 치며 웃어 댔다.

미할카는 수확한 커피 열매의 품질을 개선할 방법도 찾아냈다. 농부들은 생두를 시렁과 같은 곳에 죽 펴서 다섯 주 동안 주기적으로 뒤집어가며 말렸다. 시렁이나 돗자리는 집 앞에 펼치거나 지붕 위에 얹었다. 비를 맞은 생두는 쉬 상했으며, 양이 많지 않아 층이 얇을 경우 전부 썩어 버렸다. 저마다 자기 혼자서 해결할 수밖에 없는 고된 작업이었고, 들인 힘에 비해 수확은 늘 보잘것없었다. 미할카는 시멘트를 사다가 마을 앞에 널따란 터를 다지고 자갈과 모래를 섞어 콘크리트를 양생했다. 이제 마을 농부들은 자신들이 수확한 커피 생두를 모두 그곳으로 가지고 왔다. 미할카는 커다란 갈퀴를 여러 개 만들어 농부들에게 나누어 줬다. 이제 생두를 뒤집는 일은 모두의 공동 작업이 되었다. 그리고 비를 막기 위해 커다란 비닐을 원두 위에 덮어 줬다. 생두의 건조 속도는 몰라보게 빨라졌다. 농부들은 흡족한 미소를 지었다. 이제는 상하는 게 없었으며, 무엇보다도 일을 덜 해서 좋았다.

　미할카는 품질 개선을 위한 연구를 거듭했다. 그냥 말리기만 하는 것으로는 부족하다는 것을 깨달았기 때문이다. 마을 옆으로는 조그만 시내가 흘렀다. 물은 무척 맑은 원천 수였다. 미할카는 갓 딴 신선한 커피 생두를 손으로 씻어 세 개의 물통에 분류했다. 그리고 상인에게 몇 푼 쥐어 주고 원두를 과육과 분리시켜 주는 기계를 샀다. 첫 실험은 실패였다. 이런 식으로 발라낸 원두는 과육 찌꺼기가 남는 바람에 너무 쉽게 발효를 한 게 문제였다. 미할카는 기계를 깔끔하게 관리해 주는 게 중요하다는 것을 배웠다. 기계 안에 생두가 단 하나라도 남으면 전체 공정을 망치기 때문이다. 마침내 성공했다. 물에 불린 커피를 깨끗이 씻어 주면 생두의 껍질이 완전히 벗겨진다는 것을 알아냈다. 콘크리트 건조장의 일부에 따로 자리를 만들어 이렇게 다듬은 생두를 말렸다. 이 원두 한 자루를 상인에게 가져갔더니 값을 세 배나 더 쳐 주었다. 미할카는 이 과정을 농부들에게 자세히 설명하고 케이블카로 수송한 원두를 열두 시간 안에 물로 처리를 해 주면 작업도 쉽고 품질이 아주 뛰어난 원두를 얻을 수 있다고 가르쳤다. 2년이 지나자 마을은 최고의 커피 원두 생산지로 명성이 자자했다.

아야나는 임신을 했다. 아이가 생긴 미할카는 뛸 듯이 기뻤다. 딸을 낳자 부부는 이름을 티루라고 지었다. 미할카는 행복에 겨워 가슴이 터질 것만 같았다. 그리고 자신의 생명을 구해 새로운 삶을 살게 한 아야나를 위해 모든 것을 바칠 각오를 다졌다.

마을은 아주 부유해졌다. 3년 뒤 트럭은 다섯 대로 늘어났으며, 수확과 건조를 하는 일은 완벽하게 조화를 이루었다. 농부들의 커피 플랜테이션은 규모가 몰라볼 정도로 커졌다. 관개시설을 만들었으며, 방풍을 위해 커다란 나무들을 심었다. 미할카는 마을 사람들의 존경을 한 몸에 받았으며, 일약 유명인사가 되었다. 수익의 일정량을 농부들은 공동으로 저축했다. 미할카는 도시에서 젊은 여선생을 데려다가 마을 아이들이 읽고 쓰는 법을 배우게 했다.

마을에서 누가 아프면 미할카가 그를 돌보았다. 도시의 의사는 상비약을 구비해 두는 법과 기본적인 의학 지식을 미할카에게 가르쳤다. 그는 빛의 속도로 배웠다. 패혈증에는 어떻게 대처를 하며 산모의 아이는 어떻게 받는지도 배워 실력을 발휘하기도 했다. 의사는 저녁이면 미할카와 아야나와 어울려 이야기꽃을 피웠다. 의사는 성경에 등장하는 나라의 오랜 역사를 들려 줬다. 의사와 미할카는 더없이 가까운 친구가 되었다.

시빗거리가 생기면 사람들은 빨강머리 남자의 고견을 구하러 왔다. 미할카는 어느 쪽에도 기우는 법이 없이 훌륭한 판사처럼 판정을 해 주었다. 핏줄이 어떻고 어느 마을 사람이고 하는 따위는 안중에도 없었다. 사람들은 미할카의 말을 전적으로 신뢰했다.

드디어 자신의 인생을 찾은 것이다. 아야나와 그는 서로 깊이 사랑했으며, 티루는 건강하게 자랐다. 미할카는 자신의 행복을 믿을 수가 없어 하루에도 몇 번씩 허벅지를 꼬집어 보았다. 다만, 자주, 그러나 시간이 가면서 뜸하게 악몽을 꾸었다. 그럼 아야나가 깨어 일어나 그를 안아 줬다. 여자는 자신의 언어에 과거라는 말은 없다고 했다. 세월이 가면서 미할카는 부드럽고 온화한 성품의 남자가 되었다.

◆ ◆ ◆

그러나 유명해진 게 화근이었다. 관청이 언제부터인가 그를 눈여겨보기 시작했다. 여권을 보여 달라고 요구했다. 그의 체류 허가는 이미 오래전에 만료되어 있었다. 미할카는 벌써 6년이라는 세월을 에티오피아에서 살았던 것이다. 관리들은 공손했지만 단호하게 수도로 와서 문제를 정리하자고 요구했다. 가족과 떨어지면서 미할카는 느낌이 좋지 않았다. 마을 청년이 그를 공항까지 태워다 줬다. 마을 사람들은 손을 흔들었다. 아야나는 눈물을 펑펑 쏟았다.

아디스아바바에 도착한 미할카는 독일 대사관으로 보내졌다. 대사관 직원은 컴퓨터를 들여다보더니 그의 여권을 가지고 사라졌다. 꼬박 한 시간을 기다렸다. 다시 나타난 직원의 얼굴이 심상치 않았다. 그는 경비원 두 명을 대동하고 나타났다. 미할카를 체포하겠다고 말했다. 직원은 함부르크 판사가 발행한 구속영장을 낭독했다. 은행 강도의 죄를 묻는다고 했다. 은행 창구에 남겨진 지문이 빌미였다. 미할카의 지문은 함부르크에서 난투극에 휘말리는 바람에 수사기관 컴퓨터에 저장된 것이다. 바닥에 무릎을 꿇은 미할카의 손에 수갑이 채워졌다. 대사관 지하실의 감방에서 하룻밤을 보낸 미할카는 두 명의 호송원과 함께 함부르크행 비행기를 탔다. 그리고 예심판사와의 일문일답에 충실하게 답했다. 석 달 뒤 미할카는 최소 5년의 형벌을 선고받았다. 정상

참작을 한 형량이었다. 사건이 벌어지고 이미 오랜 세월이 흘렀으며, 전과가 없었기 때문이다.

미할카는 아야나에게 편지를 쓸 수가 없었다. 편지를 보낼 주소라는 게 없었다. 아디스아바바의 독일 대사관은 그를 도울 수 없었고, 도우려 하지도 않았다. 물론 마을에는 전화도 없었다. 미할카는 사진 한 장 없었다. 그는 거의 입을 열지 않았으며, 홀로 우두커니 지내는 외톨이가 되었다. 이렇게 하루가 하루로 이어졌고, 달과 달이 갔으며, 햇수가 늘어갔다.

◆ ◆ ◆

3년의 형기를 치르고 미할카는 모범수로 인정을 받아 처음으로 외출을 할 수 있었다. 독일 형법은 수형자의 생활 태도를 평가해 감시를 붙이는 외출과 감시가 없는 외출을 허락한다. 워낙 조용했던 미할카는 정해진 시간에 돌아온다는 조건으로 감시가 따라붙지 않는 외출을 했다. 감옥 문을 나서자마자 미할카는 오로지 한 가지 생각뿐이었다. 당장 아내와 딸이 기다리는 집으로 가고 싶었다. 물론 여권도 없었고, 비행기 표를 마련할 돈은 더더욱 없었다. 감옥에서 베를린의 여권 위조 전문가의 연락처를 알아내기는 했다. 결국 물어물어 미할카는 여권 위조 전문가를 찾아갔다. 경찰은 돌아오지 않는 그를 다시 추적하기 시작했다. 기술자를 찾아냈으나 그는 먼저 돈부터 보자고 했다. 미할카가 돈을 마련할 방법은 어디에도 없었다.

그는 탄식하고 절망했다. 사흘 동안 먹지도 마시지도 않고 베를린 거리를 헤맸다. 여기서 또 범행을 저질러서는 안 된다고 자신과 씨름을 했다. 그러나 가족이 기다리는 집으로 가야만 했다. 아야나와 티루가 보고 싶어 미칠 지경이었다.

마침내 미할카는 역 앞의 장난감 가게에 들어가 감옥에서 외출할 때 받은 교통비로 장난감 권총을 샀다. 그리고 눈에 띄는 첫 번째 은행으로 들어갔다. 그는 멍한 눈으로 창구 여직원을 바라보았다. 권총은 총구를 아래로 떨어뜨린 채 들고 있었다. 입이 바짝 메말랐다. 그는 기어들어가는 목소리로 말했다. "돈이 필요하오, 용서해 주시오, 정말 돈이 급해요." 여직원은 그가 무슨 말을 하는지 알아듣지 못하고 눈을 동그랗게 떴다. 강도가 다시금 애걸을 하자 여자는 그때서야 깨닫고 돈을 줬다. 나중에 여직원은 "동정심"을 느꼈다고 말했다. 사고가 벌어질 경우를 대비해 미리 준비해 놓은 돈다발을 건네는 바람에 경찰서에 경보가 울렸다. 남자는 돈을 받아들고 권총을 창구 앞에 내려놓았다. "정말 미안합니다. 너그러이 용서해 주세요." 은행 앞에는 작은 잔디 광장이 있었다. 사흘 동안 먹은 게 없는 남자는 뛸 힘이 남아 있지 않았다. 그는 아주 천천히 걸어 나갔다. 풀밭에 그대로 주저앉았다. 하늘이 노랗게 보였다. 미할카는 세 번째로 막장에 이른 것이다.

• • •

자신을 미할카의 감방 동료였다고 소개한 남자가 나에게 그의 사건을 맡아 달라고 간곡히 부탁했다. 함부르크 시절부터 그를 알고 있었으며, 비용은 자신이 부담하겠다고 했다. 나는 모아비트 형무소로 미할카를 찾아갔다. 그는 나에게 사법 당국이 통상 쓰는 붉은 종이로 된 구속영장을 보여 줬다. 죄목은 은행 강도였으며, 함부르크에서 벌였던 지난 번 사건으로 아직 20개월의 형기가 남아 있었다. 그를 변호한다는 것은 무의미한 일이었다. 미할카는 현행범으로 체포되었을 뿐만 아니라 같은 죄목으로 이미 처벌을 받았다. 여기서 무엇을 어떻게 변호하겠는가. 유죄판결은 기정사실이며, 형량이 얼마나 되느냐 하는 문제만 남았을 따름이다. 그리고 형량은 무섭게 늘어나리라. 그럼에도 나는 미할카가 뭔가 다르다는 인상을 받았다. 아무튼 이 사건은 여느 은행 강도 사건과 달랐다. 남자는 전형적인 은행 강도와는 거리가 한참 멀었다. 나는 그의 변호를 맡기로 했다.

다음 몇 주 동안 나는 미할카를 집중적으로 면회했다. 처음에 그는 입을 거의 열지 않았다. 마음의 문을 완전히 닫은 것이다. 그러나 거듭된 만남에 남자는 조심스럽게 속내를 내비치며 아주 천천히 자신의 이야기를 하기 시작했다. 자세한 것은 전혀 밝히지 않으려 했다. 혹시라도 아내와 딸에게 해가 가지는 않을까 두려워했다. 감옥에 갇혀 아내와 딸의 이름을 들먹이는 것 자체가 누가 되는 것이라고 믿는 모양이었다.

변호사는 심리학자나 정신과 의사에게 피고의 상태를 살피도록 신청할 권한을 갖는다. 법정은 피고가 심적 장애나 외상과 같은 심리적 질병을 앓고 있다는 징후를 나타내는 사실을 확인할 수 있는 경우, 그런 신청을 받아들여야만 한다. 물론 법정에서 전문가의 소견서가 그 어떤 구속력을 갖는 것은 아니다. 정신과 의사가 피고를 두고 죄의식이 있는지, 혹은 사리를 판단하는 능력에 어떤 제한이 있는지 여부를 결정할 수는 없다. 그런 판단은 오직 법정이 할 뿐이다. 그러나 소견서는 판사에게 큰 도움을 준다. 전문가의 소견서는 판사의 판단에 객관적인 근거를 마련해 주기 때문이다.

미할카가 어떤 장애를 앓고 있다는 것은 어느 모로 보나 분명했다. 어떤 은행 강도가 범행을 저지르며 용서를 구할까. 그리고 빼앗은 돈을 가지고 풀밭에 주저앉아 체포되기만 기다린다? 법원은 정신분석 전문가를 선임해 피고의 상태를 살피도록 위임했다. 소견서는 두 달 뒤에 나왔다. 전문가는 피고의 판단과 행동 제어 능력에 문제가 있다는 의견을 피력했다. 자세한 내용은 공판 때 직접 밝히겠노라고 했다.

◆ ◆ ◆

재판은 미할카가 체포되고 다섯 달 뒤에 열렸다. 재판부는 여성 판사를 재판장으로 하고 한 명의 젊은 남성 판사를 배석 판사로 두었으며 두 명의 여성 배심원들로 구성되었다. 재판장은 심리 기간을 단 하루로 못 박았다.

미할카는 자신이 은행을 털은 게 맞다고 자백했다. 그는 머뭇거리며 알아듣기 힘든 목소리로 중얼거렸다. 그 다음에는 경찰들이 증언대에 올라 미할카를 체포하던 상황을 설명했다. 경찰은 그가 어떤 자세로 풀밭에 앉아 있었는지 묘사했다. 미할카를 '제압' 했던 경장은 그가 아무런 저항도 하지 않았다고 말했다.

은행 여직원은 강도가 무섭기는커녕 너무 측은해 보였다고 증언했다. 그렇게 서글픈 얼굴은 처음 봤다고도 했다. "마치 집 잃은 개 같았어요." 놓칠세라 나선 검사는 여 직원에게 현재 근무를 하는 데는 아무런 이상이 없냐고 물었다. 당시의 충격으로 무섭거나 두렵지는 않은지, 사건 때문에 병가를 낸 적은 없는지, 혹시 무슨 치료를 받지는 않았는지, 꼬치꼬치 캐물었다. 여직원은 전혀 그런 일이 없다며 도리질만 쳤다. 강도는 그저 불쌍한 걸인처럼 보였으며, 그 어떤 고객보다도 정중하고 예의발랐다고 했다. "어머나 세상에나, 강도가 저한테 용서를 빌더라고요!" 검사가 이런 질문을 하는 데는 다 그만한 이유가 있다. 여직원이 실제 공포를 느꼈다면, 형량을 높일 근거가 되기 때문이다.

장난감 권총이 증거물로 제출되었다. 권총을 유심히 살피던 배심원 한 명이 픽 웃었다. 권총은 중국산 싸구려였다. 고작 몇 그램 정도의 무게였으며, 조금도 위험해 보이지 않았다. 권총을 손에 들어 보던 배심원이 실수로 그것을 떨어뜨렸다. 탁 하는 소리와 함께 플라스틱 모서리가 깨져나갔다. 척 봐도 장난감인 것을 보고 놀랄 사람이 있을까?

범행 과정을 재구성해 본 뒤 흔히 그러하듯 피고 "개인의 주변 환경"에 관한 질문이 이어졌다. 살아온 인생 역정과 가족 관계를 물은 것이다.

미할카는 재판이 벌어지는 내내 자리에 없는 사람 같았다. 그의 마음을 움직여 조금이나마 자신의 인생 이야기를 하게 만드는 일은 무척 힘들었다. 아주 느리게, 그저 툭툭 던지는 몇 마디로 미할카는 할 말을 다했다는 표정이었다. 무언가 하고 싶은 말이 있어도 적절한 단어를 찾지 못했다. 사람들이 대개 그러하듯 자신의 감정을 표현하는 데 서툴렀다. 아무튼 변호인의 입장에서는 자기주장을 하지 않는 피고처럼 난감한 경우가 따로 없다. 차라리 전문가로 나선 심리학자가 피고의 지나온 인생을 설명하도록 하는 게 훨씬 나아 보였다.

심리학자는 치밀한 사람이었다. 준비를 잘해 온 것을 한눈에 알아볼 수 있었다. 그는 미할카의 인생을 자세히 묘사했다. 판사는 이미 소견서를 읽어 잘 아는 내용이었다. 그러나 배심원들에게는 모든 게 새로웠다. 주의를 기울여 경청했다. 심리학자는 놀라울 정도로 여러 차례 미할카를 면담하며 아주 세세한 부분까지 꿰고 있었다. 심리학자가 낭독을 끝내자 재판장은 미할카에게 전문가가 모두 정확하게 언급했는지 물었다. 미할카는 고개를 끄덕였다. "예, 틀린 게 없습니다."

그런 다음 심리학자는 은행을 습격한 피고의 심리적 상태가 어떤 것이었는지 과학적으로 설명해 달라는 요청을 받았다. 심리학자는 피고 미할카가 사흘 동안 먹지도 마시지도 않은 상태에서 베를린을 방황했음을 상기시켰다. 피고가 정상적으로 자신을 통제할 수 없는 상황이었다고 지적했다. 극도로 제약을 받은 피고의 판단능력은 자신의 행동을 스스로 결정할 수 없었다는 점도 참고해야 한다고 심리학자는 역설했다. 이로써 증거 채택은 마무리되었다.

재판이 휴정을 하는 동안 미할카는 이 모든 수고가 무슨 의미가 있냐고 나에게 물었다. 자신은 어차피 유죄 판결을 받을 터인데 너무 애써 주는 것 같아 고마우면서도 한편으로 미안하다며 말을 잇지 못했다.

형사재판에서는 검사가 먼저 논고를 펼친다. 미국이나 영국과 달리 독일에서 검사는 당파적 입장을 취해서는 안 된다. 검사는 어디까지나 중립적이어야 한다. 다시 말해서 검사는 객관적인 태도를 견지해야 한다. 그래야 피고의 부담을 덜어 주는 상황도 수사할 수 있기 때문이다. 바로 그래서 독일 검사에게 승소냐 패소냐 하는 것은 별 의미가 없다. 검사는 법을 지키는 데 충실하면 그만이다. 검사에게 그 이상을 요구할 경우, 권력은 부패한다는 것을 역사로부터 익히 배웠기 때문에 이런 법체계가 생겨났다. 그래서 검사는 오로지 법과 정의에만 봉사한다. 적어도 이론적으로 보자면 말이다. 수사를 하는 동안에는 이런 태도가 일반적으로 지켜진다. 그러나 본격적인 재판이 벌어지면서 열기가 더해지면 상황은 달라진다. 객관성이 흔들리는 경우가 종종 일어난다. 검사의 승부욕이 자극을 받는 것이다. 또 그게 인간적이다. 아무리 훌륭한 검사일지라도 그는 어디까지나 기소를 한 원고이다. 기소를 해서 피고를 법정에 세웠음에도 중립을 유지한다는 것은 지나치게 어려운 일이다. 아마도 이는 우리네 형법 체계가 갖는 약점이리라. 법이 너무 많은 것을 요구하는 셈이랄까.

미할카에게 검사는 9년이라는 중형을 구형했다. 그는 미할카를 둘러싼 이야기의 진실성을 믿을 수 없다고 말했다. "소설에서나 나올 법한 상상이며, 자유롭게 지어낸 것"처럼 들린다는 거였다. 스스로 행동을 조절할 능력이 떨어진다는 소견도 받아들일 수 없다고 검사는 힘주어 말했다. 심리학자의 소견은 어디까지나 피고의 진술에만 의존한 것일 뿐, 이를 입증할 그 어떤 사실도 확보되지 않았다는 주장이었다. 여기서 움직일 수 없는 사실은 미할카가 은행 강도라는 강력 범죄를 저질렀다는 것일 뿐이라며 검사는 법정을 둘러보았다. "은행 강도의 경우 법이 정한 최소 형량은 5년입니다." 검사가 말을 이었다. "범인은 이미 이 죄를 두 번이나 저질렀습니다. 형량을 감해 줄 유일한 근거는 훔친 돈이 고스란히 되돌아왔다는 점이며, 피고가 자백을 했다는 것일 뿐입니다. 따라서 9년이라는 형량은 피고의 행위와 그 죄질에 적당하다고 봅니다." 검사의 논고가 끝났다.

물론 피고의 말을 믿고 안 믿고 하는 게 중요한 것은 아니다. 법정에서 필요한 것은 증거일 따름이다. 그런 점에서 보자면 피고가 훨씬 유리하다. 그는 아무것도 증명할 필요가 없다. 자신의 무죄를 입증하지 않아도 좋으며, 정확한 진술을 했다는 증거를 낱낱이 열거하지 않아도 된다. 그러나 검사와 판사에게는 다른 규칙이 적용된다. 이들은 증명할 수 없는 그 어떤 것도 주장해서는 안 된다. 말은 간단하게 들리지만, 현실은 훨씬 복잡하다. 추정과 증거를 항상 정확히 구별할 수 있을 정도로 객관적인 사람은 아무도 없다. 짐작에 지나지 않음에도 우리는 확실히 알았다고 믿고 앞만 보며 성급히 달려 나가기 일쑤다. 그리고 앞질러간 모든 것을 다시 주워 담기란 생각처럼 그리 쉬운 일이 아니다.

오늘날 검사의 논고와 변호사의 변론은 그다지 중요한 게 아니다. 검사와 변호사는 방청객을 보고 이야기하는 게 아니라, 판사와 배심원을 향해 요점을 간결하게 정리해야 한다. 그럴싸하게 목청을 꾸민다거나 답답하다며 셔츠를 찢고 가슴팍을 드러내 보인다거나 조금이라도 과장된 주장을 하면서 인간의 동정심에 호소하던 시절은 지나갔다. 무슨 거창한 결론으로 사람들의 환심을 사던 짓도 지난 세기의 일일 뿐이다. 우리 시대에 그런 짓을 했다가는 따가운 눈총을 피할 수 없다. 독일인들은 더 이상 열정 따위를 좋아하지 않는다. 그런 것은 지난 역사를 통해 신물이 날 정도로 겪었기 때문이다.

그러나 경우에 따라서는 약간의 연출이 기대 이상의 결과를 불러올 수 있다. 누구도 예상치 못한 마지막 무대는 백 마디 말보다 더 큰 설득력을 갖는다. 그리고 미할카 자신은 그게 뭔지 꿈에도 몰랐다.

외무부에 잘 아는 여성 외교관이 한 분 있었다. 그녀는 지금 케냐에서 근무하고 있는데 내 연락을 받고 흔쾌히 도와주겠다고 했다. 여러 우여곡절을 겪은 끝에 그녀는 미할카의 친구, 그러니까 저 지방 도시 의사를 찾아내는 데 성공했다. 의사는 완벽한 영어를 구사했다. 나는 의사에게 전화를 걸어 이곳 재판에서 진술을 해 주었으면 좋겠다고 부탁했다. 오가는 여비는 내가 부담하겠다고 하자 의사는 껄껄 웃으며 괜한 염려는 하지 말라고 했다. 친구가 아직 살아 있다는 소식을 들어 너무 기쁘고 행복하며, 친구를 보기 위해서라면 지구 끝이라도 달려가겠다는 거였다. 그리고 지금 법정 문밖에 그가 서 있다. 내가 들어오라고 하기만 기다리고 있다.

돌연 벼락이라도 맞은 것처럼 미할카는 번쩍 깨어났다. 법정 안으로 들어서는 의사를 보자 미할카는 자리에서 펄쩍 뛰어올라 그를 향해 뛰었다. 미할카의 눈에서는 눈물이 폭포처럼 흘렀다. 경비원이 제지하려고 했지만, 재판장이 손을 흔들어 말렸다. 그대로 두라고 했다. 두 남자는 법정의 한복판에서 뜨겁게 끌어안았다. 키가 큰 미할카는 작은 체구의 의사를 번쩍 들어 그의 볼에 자신의 볼을 마구 비볐다. 그리고 그 큰 덩치가 엉엉 목 놓아 울었다. 의사는 캠코더를 가지고 왔다. 재판장은 경비원을 보내 프레젠테이션 기구를 가져오게 했다. 재판정에 급조된 스크린에서 우리는 마을을 보았다. 케이블카와 트럭과 커피 원두를 두 눈으로 확인했다. 아이들과 어른들이 카메라를 향해 활짝 웃으며 손짓을 했다. 아이들은 "프로앙크, 프로앙크!" 미할카의 이름 프랑크를 아이들이 '프로앙크'라고 발음한 것. 합창을 했다. 그리고 마침내 아야나와 티루가 화면에 나타났다. 미할카는 울다가 웃다가 다시 울었다. 그는 완전히 넋을 놓고 울었다. 미할카는 친구 의사 옆에 찰싹 붙어 앉아 그 무지막지한 손으로 의사의 손가락을 짓눌러가며 단 한순간도 놓지 않았다. 재판장과 배심원들도 울고 있었다. 아무튼 법정에서 보기 드문 장면이었다.

우리의 형법은 지은 죄의 책임을 묻는 형법이다. 다시 말해서 우리는 한 인간이 자신의 행동에 얼마나 책임을 질 수 있는가에 따라 처벌을 한다. 같은 죄라고 해도 그 배경에 따라 형량이 달라지는 것이다. 그래서 아주 복잡하다. 옛날에야 간단했다. 중세에는 남의 물건을 훔친 사람은 손목이 날아갔다. 오로지 범죄행위에 따라 처벌을 한 것이다. 돈 욕심으로 훔쳤든 배가 고파서 훔쳤든 아무 상관이 없었다. 당시 형벌이란 일종의 수학이었다. 각각의 범죄행위에는 그에 딱 맞춤한 형벌이 정해져 있었다. 오늘날 우리의 형법은 좀 더 현명해졌다. 각자의 인생이 감당할 수 있는 범위 안에서 처벌을 내린다. 또 그래서 어려운 문제이다. 은행 강도라고 해서 모두 같은 은행 강도는 아니기 때문이다. 미할카에게 우리는 뭘 비난해야 마땅할까? 그는 오로지 살아보자고 발버둥을 쳤다. 이런 소망은 우리 모두가 가지고 있는 게 아닐까? 만약 우리가 그의 처지에 있었다면 달리 행동했을까? 사랑하는 사람에게 되돌아가고자 몸부림을 치는 것은 모든 인간이 갖는 갈망이지 않은가?

미할카는 2년형을 선고받았다. 재판이 끝나고 일주일 뒤 나는 모아비트 법원 건물의 긴 복도에서 재판장을 맡았던 여 판사와 우연히 마주쳤다. 그녀는 배심원들과 함께 미할카에게 비행기표를 사 주기로 의기투합했다고 말했다.

미할카는 형기의 절반을 채우고 집행유예로 풀려났다. 폰타네*의 소설에 등장하는 슈테클린과 같은 분위기를 풍기는 형집행심의위원회 부장판사는 나에게 전체 이야기를 다시 한 번 듣고 싶어 했다. 다 듣고 난 판사는 아련한 눈빛으로, "야, 그거 멋진데!" 하며 석방 명령서에 직인을 쾅 찍었다.

미할카는 다시 에티오피아로 돌아갔다. 그리고 에티오피아 국적을 취득했다. 그동안 티루는 남동생과 여동생을 한 명씩 얻었다. 미할카는 자주 나에게 전화를 걸어 안부를 묻는다. 그는 행복하다는 말을 입에 달고 산다.

◆ 1819-1898년. 독일의 작가. 이른바 "시 현실주의"를 대표하는 걸출한 작품들을 많이 남겼다. 《슈테클린》은 폰타네가 말년에 쓴 마지막 작품으로, 경쾌하면서도 심오한 대화를 통해 인생을 반추하는 작품이다.

옮기고 나서

멈춰라, 너 참 아름답구나!
―괴테―

─── 이 책은 모두 열한 편의 이야기를 담고 있다. 제각각 다른 인생살이이다. 바로 그래서 '인생'이라는 하나의 단어 아래 모인 이야기이다. 도대체 산다는 것은 무엇일까? 우리는 무엇 때문에 사는가? 무슨 대단한 철학적 질문을 하자는 게 아니다. 왜 사는가, 하는 물음처럼 공허한 게 또 있던가? 다만 생각해 보고 싶을 따름이다. 우리는 무엇을 얻고자, 어떤 걸 바라고 사는 것일까?

사는 목적은 간단하다. 우리는 행복하기 위해 산다. 맛보고 누리고 즐겁기 위해 하루하루의 고단함을 이겨간다. 살아 있는 사람에게 인생이란 피할 수 없는 것이다. 물론 스스로 목숨을 거둘 수도 있지만, 살아서 살지 않는 것처럼 살 수야 없는 노릇이지 않은가.

  그래서일까? 우리네 인생은 잠시라도 한눈을 팔면 갖은 아픔과 슬픔과 고통으로 삐거덕거린다. 인간은 애정과 관심과 배려를 밥 먹고 물마시듯 해야만 살아갈 수 있는 동물이기 때문일 터이다.

  이런 삐거덕거림의 현장, 삐거덕거리다 못해 때리고 뺏고 죽이는 범죄 현장을 늘 지척에서 지켜본 변호사가 들려주는 인생 이야기, 이게 곧 이 책이 담은 내용이다.

  평생 점잖게 살아온 의사가 아내의 머리를 도끼로 찍어 살해한다. 남부러울 게 없는 부유한 집안의, 숨 막힐 정도로 아름다운 여인이 남동생을 자기 손으로 죽이고 자신도 목을 맨다. 먹고 사는 일의 고단함을 모면하려고 박물관 경비원이 된 남자는 전시실에 유폐된 채 발바닥에 박힌 가시처럼 지독한 인생의 아픔을 깨뜨리는 꿈을 꾼다. 두 번이나 은행 강도를 저지른 흉악범의 인생살이가 이토록 가슴을 저미는 이유는 무엇일까?

  문장은 직설적이다. 툭툭 끊어진다. 조금도 꾸미려 하지 않는다. 튀지 않고 비약하지 않는다. 바로 그래서 문장 하나하나가 묵직한 울림을 준다. 평생 법정에서 살아온 변호사답게 전략적이다. 그의 전략은 인생의 이해이다. 먹고 사느라, 감정으로 부대끼느라, 빚어지는 소란을 차분하게 풀면서 그 밑바탕에 깔려 있는 인간의 오롯한 소망을 정확하게 짚어낸다.

인생을 이해한다는 것은 보기보다 어려운 일이 아니다. 내 인생이 소중한 만큼 남의 삶도 귀중하다는 것을 알 때, 인생을 이해하는 문이 활짝 열린다. 자신의 인생만 따로 떼어놓고 본다는 것은 서로 맞물려 있는 생명의 이치에도 어긋난다. 서로가 서로를 보듬고 의지하는 세상, 이게 곧 우리가 바라는 치유와 구원의 행복한 세상이리라.

그래서 범죄의 현장을, 그 엇나감과 충돌의 현장을 들여다보는 것은 의미가 있다. 소망과 욕망이 엇갈린 지점을 찾아 행복한 인생을 위한 반면교사로 삼을 수 있기 때문이다. 적어도 죽는 그 순간, 가슴 치며 후회하지 않을 인생을 살자는 각오로 길게 그리고 넓게 본다면 우리네 인생은 진정 행복하지 않을까? 최소한 절망의 한숨이 스산한 바람을 불러일으키는 삶의 질곡에 빠지지는 않으리라. "멈춰라, 너 참 아름답구나!" 참 행복이 무엇인지 곱씹어볼 이야기를 들려준 폰 쉬라크에게 감사의 마음을 전한다.

2010년 10월
김희상

옮긴이 **김희상**

성균관대학교와 동대학원에서 철학을 전공하였다. 1990년 독일로 유학을 가서 막시밀리안 대학과 베를린 자유대학에서 독일 관념론을 공부했고, 2003년 귀국한 뒤로 깊이 있는 인문학 공부와 유럽 문화의 생생한 체험을 바탕으로 전문 번역가로 활동하고 있다. 지금까지 『유레카』, 『사자와 권력』, 『탈』, 『달라이 라마의 공감』, 『한 권으로 읽는 셰익스피어』, 『우리 안의 히틀러』, 『평화: 루이제 린저와 달라이 라마의 대화』, 『알렉산드리아의 족장』, 『슈페사르트 산장』, 『오컬티즘』 등 총 50여 권의 작품을 번역했으며, 2008년에는 어린이 철학책 『생각의 힘을 키우는 주니어 철학』을 집필했다.

어떻게 살인자를 변호할 수 있을까?

초판 1쇄 발행 2010년 11월 1일
초판 27쇄 발행 2025년 8월 18일

지은이 페르디난트 폰 쉬라크 옮긴이 김희상

발행인 윤승현 단행본사업본부장 신동해
편집장 김경림 디자인 이석운 일러스트 방현일
마케팅 최혜진 이은미 홍보 반여진 허지호 송임선
국제업무 김은정 김지민 제작 정석훈

브랜드 갤리온
주소 경기도 파주시 회동길 20
문의전화 031-956-7214(편집) 02-3670-1123(마케팅)
홈페이지 www.wjbooks.co.kr
인스타그램 www.instagram.com/woongjin_readers
페이스북 www.facebook.com/woongjinreaders
블로그 blog.naver.com/wj_booking

발행처 ㈜웅진씽크빅
출판신고 1980년 3월 29일 제406-2007-000046호

한국어판 출판권 ⓒ 웅진씽크빅, 2010
ISBN 978-89-01-11490-3 03850

갤리온은 ㈜웅진씽크빅 단행본사업본부의 브랜드입니다.
이 책의 한국어판 저작권은 모모 에이전시를 통해 Piper Verlag GmbH사와의 독점 계약으로 '웅진씽크빅'에 있습니다. 저작권법에 의해 보호를 받는 저작물이므로 무단 전재와 무단 복제를 금합니다.

· 잘못된 책은 구입하신 곳에서 바꾸어 드립니다.   · 책값은 뒤표지에 있습니다.